高橋ヨシキの

サタニック人生相談

高橋ヨシキ
Yoshiki Takahashi

まえがき

「サタニズムって、要は悪魔崇拝なんでしょ？」

「サタンを信じるってことは結局、神の存在を信じているのと同じことだよね（勝ち誇った口調で）」

「サタニストは動物を生贄に捧げたり、子供を殺したりするっていう話だけど……」

「サタニズムなんて結局、善悪をひっくり返してみせただけの幼稚な言葉遊びだよね」

「悪魔に魂を売り渡せば、権力もお金も手に入るって本当？」


アメリカでも日本でも、あるいは世界中のどこでも、自分がサタニストだと表明すると、間違いなくこうした物言いと直面することになります。我々サタニストは悪魔を崇拝しているわけではなく、神の存在と同じく、外在する存在としてのサタンや悪魔などまったく信じてはいないし、動物や子供を生贄に捧げることもなければ、無邪気に善悪の概念をひっくり返して喜んでいるわけでもありません。魔術を使って権力やお金を手に入れることができるかについては、ちょっと秘密にしておきます。

となると、じゃあ一体、サタニズムってなんなのさ？　という疑問が浮かんでくるのも当然です。端的に言ってしまえば、サタニズムとは「愉《たの》しい学問」です。「愉しい学問」というのはフリードリヒ・ニーチェの著書の題名ですが、サタニズムは自分の人生を、空想上の何者かに依存することなく、楽しく、しっかりと、しかし限りなく自由に生きるための哲学、あるいは「自己宗教」だと言うことができます。「サタン」という言葉にはもともと「告発する者」「妨げる者」という意味があります。チャーチ・オブ・サタンの創立者であり、著書『サタニック・バイブル』で現在のサタニズムの礎《いしずえ》を築いたアントン・サンダー・ラヴェイ師は、なぜ自分のイデオロギーを「サタニズム」と呼ぶかについて、「サタンという言葉を使えば精神が高揚し、意欲が湧くし、端的に言って面白いからだ」と述べています。といって、サタニズムは決して冗談ではありません。ウィットに富む警句や皮肉たっぷりの表現はサタニズムの大きな特徴ですが（そして、キリスト教をはじめとする宗教はおしなべてユーモアのセンスが絶望的なまでに不足しているものです）、サタニストが一貫して「個人」の持つ「力」と「可能性」を鍛え、また讃える姿勢は極めて真摯《しんし》なものです。

今「個人」と書きましたが、サタニズムは徹底した個人主義でもあります。「サタン」は霊や妖怪のように、「外部」にあるとされる想像上の何かではありません。サタニストにとっての「サタン」とは、鏡に映る自分自身のことです。だから「ヘイル・サタン！（サタン万歳）」と我々が唱えるとき、それは実際には「自分万歳」あるいは「個人万歳」と言っているわけです（「ヘイル・サタン！」は実際には「ヘイル・セイタン！」と発音しますが、「サタン」と書いた方が日本語では通りがいいので、ぼくは「ヘイル・サタン！」と書くことにしています）。

本書は、ぼくのメールマガジン「高橋ヨシキのクレイジー・カルチャー・ガイド！」内の「クレイジー質問コーナー」から選り抜いた質問と回答で構成されています。質問コーナーを設けたのは、読者の皆さんと直接やりとりができる場を作りたかったのと、メールマガジンを始めるにあたって、よそのメールマガジンをいくつかチラ見したところ、同種の質問・回答コーナーが人気を博しているようだったからです。ところで、この本の題名は『サタニック人生相談』となっていますが、元になったメールマガジンの質問コーナーを、特別に「サタニック」なものにしようという意図はありませんでした。もしそれが「サタニック」なものに映るとしたら、それは単に回答者、すなわちぼく自身がサタニストであり、物事をサタニストの視点から考えて回答しているからに他なりません。だから先にお断りしておきますが、この本をいくらめくっても、黒魔術のやり方とか、嫌いな奴を呪い殺す方法、異性や同性にモテるための秘技、お金もうけの秘訣、教会に火を放つのに最適な方法といった、俗流オカルト・マニュアル的なあれこれは出てきません。また、サタニズムについても、この「まえがき」で書いた以上のことはあまり載っていないです（なぜならこの本はあくまでも『サタニック人生相談』であって『サタニックなものの見方「サタニズム入門』ではないからです）。しかし、読んでいただければ、少なくとも「サタニズムは他人を喜ばせるためにあるのではない！」と、かつてはないかと思います。「サタニズムは他人を喜ばせるためにあるのではない！」と、かつてラヴェイ師はよく言いました（なぜなら、野次馬根性で彼のもとを訪れるアホが引きも切らなかったからです）。が、実際のラヴェイ師は人を喜ばせる天才で、宗教や哲学、芸術や文学について面白おかしく話をすることにかけては超一流でした。冒頭で書いたような偏見や誤解に出会ったとき、多くのサタニストは単に笑ってやり過ごします。しかし、サタニズムや、それに基づくものの見方について、理解する能力のある人に理解してもらうのも、また重要なことです（理解できない人には永遠に理解されなくて構いません。だって無理だから）。そういう人たちが、本書を読んで「サタニズムというのは、楽しいものだな」と思っていただけるとしたら、それに勝る喜びはありません。ヘイル・サタン。

9カ条のサタニック宣言

The Nine Satanic Statements
by Anton Szandor LaVey

・サタンが象徴するのは禁欲ではなく、放縦《ほうじゅう》である！
Satan represents indulgence instead of abstinence!

・サタンが象徴するのは霊的な幻覚ではなく、活力に満ちた実存である！
Satan represents vital existence instead of spiritual pipe dreams!

・サタンが象徴するのは空々しい自己欺瞞《じこぎまん》ではなく、汚れなき知恵である！
Satan represents undefiled wisdom instead of hypocritical self-deceit!

・サタンが象徴するのは恩知らずな相手に浪費される愛ではなく、それに見合う者への厚情である！
Satan represents kindness to those who deserve it instead of love wasted on ingrates!

・サタンが象徴するのは「右の頬を打たれたら、左の頬を差し出す」ことではなく、復讐である！
Satan represents vengeance instead of turning the other cheek!

・サタンが象徴するのは精神的な寄生虫を気遣うことではなく、信頼できる者への責任である！

Satan represents responsibility to the responsible instead of concern for psychic vampires!

・サタンが象徴する人間は単なる動物である。四つ脚で歩く動物より優れていることもあるが、多くの場合、より悪質である。「神の恩寵《おんちょう》により霊的に、そして知的に発達した」ことは最も悪に染まった動物を生み出したのである！

Satan represents man as just another animal, sometimes better, more often worse than those that walk on all fours, who, because of his "divine spiritual and intellectual development," has become the most vicious animal of all!

・サタンが象徴するのは、おしなべて罪と呼ばれるものすべてである！
罪はすべて、肉体的、精神的、そして感情的な喜びを与えてくれるからである！

Satan represents all of the so-called sins, as they all lead to physical, mental, or emotional gratification!

・サタンはいつも教会の最良の友であった。
サタンのおかげで教会は長年に渡って商売を続けてこられたのだから！

Satan has been the best friend the Church has ever had, as He has kept it in business all these years!

この世における11のサタニック法

The Eleven Satanic Rules of the Earth
by Anton Szandor LaVey

・求められない限り、意見や忠告を与えてはならない。
Do not give opinions or advice unless you are asked.

・相手が本当に聞きたがっていると確信できない限り、自分の問題を他人に話してはならない。
Do not tell your troubles to others unless you are sure they want to hear them.

・他人の住み処では、相手に敬意を持って接すること。それができないのであれば訪ねないこと。
When in another's lair, show him respect or else do not go there.

・自分の住み処に招いた客に不愉快な思いをさせられたら、相手を残酷にそして無慈悲に扱うべし。
If a guest in your lair annoys you, treat him cruelly and without mercy.

・相手から交尾を誘う合図がない限り、性的な行動に出てはならない。
Do not make sexual advances unless you are given the mating signal.

・自分のものではないものに手を出してはならない。それが持ち主にとって重荷であり、手放して楽になりたいと彼が泣き叫んでいない限り。

Do not take that which does not belong to you unless it is a burden to the other person and he cries out to be relieved.

・魔術を使って望むものを手に入れた暁《あかつき》には、魔術のパワーに感謝しなくてはならない。もし魔術のおかげで物事がうまくいったにもかかわらず、そのパワーを否定する者は、手に入れたものをすべて失うであろう。

Acknowledge the power of magic if you have employed it successfully to obtain your desires. If you deny the power of magic after having called upon it with success, you will lose all you have obtained.

・自分自身が関わり合わないで済むことについて、不平を口にしてはならない。

Do not complain about anything to which you need not subject yourself.

・小さな子供を傷つけてはならない。

Do not harm little children.

・襲われた場合か、食用にするのでない限り、人間以外の動物を殺してはならない。

Do not kill non-human animals unless you are attacked or for your food.

・公共の場所を歩くときは、他人に不快な思いをさせないこと。もし誰かに不快な思いをさせられたら、やめてくれるよう頼むこと。それでもやめないのであれば、ぶち殺してしまえ。

When walking in open territory, bother no one. If someone bothers you, ask him to stop. If he does not stop, destroy him.

サタニズムにおける9つの罪

The Nine Satanic Sins
by Anton Szandor LaVey

愚かさ【Stupidity】

サタニズムにおける罪の筆頭。サタニズム上の大罪。まったくもって残念なことに、愚かであることは苦痛を伴わない。無知も問題ではあるが、我々の社会はますます愚かさを餌に成長しつつある。誰かにそうしろと言われたから、という理由で何にでも手を染める人々がそれを支えている。メディアは教化がもたらす愚かさを容認するばかりか、それが称賛に値するとまで喧伝《けんでん》している。サタニストはこのようなごまかしを見抜く術を習得しなくてはならず、愚かであることは許されない。

うぬぼれ【Pretentiousness】

虚ろでこれ見よがしな態度は最もいらだたしいものであり、下位魔術(※)の最高法に反するものである。愚かさと同様、現在ではこれも金を生むサイクルの基盤である。その根拠となるものの有無に関わらず、誰もが自分は大物だと錯覚しているのだ。

(※サタニズムにおける下位魔術とは「さまざまな道具や不自然な状況を利用することで得られる狡猾《こうかつ》さと奸智《かんち》であり、これを用いることで、術者の意思に沿って変化を起こすことができる魔術」であるとされる)

独我論【Solipsism】

独我論はサタニストにとって非常な危険となり得るものである。自分の反応、回答、それに感性といったものを、自分よりはるかに鈍感な相手に伝えるとする。その場合、自分と同等の熱慮、丁重さ、敬意が（こちらはそれを意識せずとも与えてしまっているのだが）相手から返ってくることを期待するのは誤りである。そうはならない。一方サタニストは「己の欲するところを人に施せ」という格言を実行するべく努めなくてはならない。これは我々の多くにとって骨の折れる仕事であり、みんなが自分と同じであるという心地よい幻想に陥らないよう、絶えず警戒することが必要である。これまで言われてきたように、ある種のユートピアというものは、哲学者だけが暮らす国でそれが実現されるとすれば理想的だといえるが、残念なことに（もしくは幸運なことに。マキャヴェリズムの観点からすればの話だが）、我々はそのような状況からは程遠い場所にいる。

自己欺瞞【Self-deceit】

これは「9カ条のサタニック宣言」にも書かれているが、ここでいま一度繰り返す必要がある。これもまた大罪だ。我々は、与えられたいかなる聖牛（神聖にして侵すべからざるもの）に対しても敬意を払ってはならない。この「神聖にして侵すべからざるもの」のうちには、人の期待に沿うような自分のあり方も含まれる。自己欺瞞が許される唯一のケースは、それが楽しく、かつ用心深く行うことができる場合である。しかし、そのように行われたとしたら、それはもう自己欺瞞ではないのである！

集団への安住【Herd Conformity】

これはサタニズムの立場からして当然である。もし究極的にそれが自分の利益になるのであれば、誰かの考えに順応することになんら問題はない。だが群れと一緒に行動し、個人でない集合体の命令に従うことを良しとするのは愚か者だけである。重要なのは、集団の気まぐれさの奴隷になる代わりに、自分の主人を賢く選択することだ。

全体をとらえる視点の欠如【Lack of Perspective】

これもまた、サタニストに多くの苦痛をもたらす要素である。自分が誰であり、なんであるのかということについての理解は絶対に手放してはならないし、自分が自身の存在によって、いかなる脅威となり得るかということを忘れてはならない。常に、歴史的かつ社会的な、広い視点を持つことだ。それが下位魔術及び上位魔術には必須である。パターンを読み取り、断片があるべき場所に収まるよう、関連づけて考えよう。集団の圧力に屈してはいけない――自分がしていることは、他の連中がやっていることとは完全に別のレベルだということを自覚せよ。

過去の通説を忘却してしまうこと【Forgetfulness of Past Orthodoxies】

このことが、何か新しく、これまでと違うものを受け入れるよう人々を洗脳する鍵であるということを忘れないようにしよう。その「新しく、これまでと違う」ものというのは、しかし実際はかつて広く受け入れられていたもので、それが新しい包装でくるまれているだけなのである。我々は「作り手」の才能に熱狂し、元となるオリジナルを忘却するよう期待されている。それにより、「使い捨て」文化が加速するのだ。

生産性のない自尊心【Counterproductive Pride】

「生産性のない」という部分が重要だ。自尊心は重要だ――細事にこだわり大事を逸するのでなければ。もし君が窮地に追い込まれて、そこを脱する方法というのが「ごめんなさい、過ちを犯しました。なんらかの方法で妥協できればと思います」と言うしかないのであれば、そうしたまえ。

美学の欠如【Lack of Aesthetics】

これはバランスファクター（平衡維持）の物理的応用である。美学は下位魔術において重要であり、磨きをかけることが必要だ。古典的な美の基準及び形態から金銭的な利益を得ることができないのは自明であるため、消費社会において古典的な美の価値は貶《おとし》められている。だが、美と調和を見極める審美眼はサタニズムの重要な道具であり、最も偉大な魔術の効果を引き出すために用いられる。美しさは、心地よいから良いのではない――美、それ自体に価値があるのだ。美学は個人的なもので、その人自身の性質を反映するものだが、快《こころよ》さというものが普遍的であり、調和のとれた形態が存在するという事実は否定されるべきではない。

著：アントン・ラヴェイ　訳：高橋ヨシキ（P.006~013）

Contents

Satanic Advice by Yoshiki Takahashi

恋愛・人間関係編

生活・健康編

Contents

Satanic Advice by Yoshiki Takahashi

映画鑑賞編

家庭・仕事編

Q

葬式というものが苦手です。

質問者●「奇病の蔵六」さん

私は「冠婚葬祭《かんこんそうさい》」といわれる行事、中でも特に葬式というものが大変苦手です。わざわざ大金を払ってどうでもいい坊主を呼び、細かいことで何度も時間をかけて集まり、お香典と称して他人から金を徴収する。死を悼《いた》むこと自体は、個人がそれぞれすればいいことのはずです。親族からは「お前も将来、こういう行事を仕切ることになるんだぞ」などと言われて心の底からウンザリしています。友人との約束があるという理由で年忌法要をサボり、これでもかと怒られたこともあります。誰だかわからない先祖の墓の維持費なども払いたくありません。サタニストであるヨシキさんはこのような行事についてどのように接し、考えていらっしゃるのでしょうか?

A

今は参加を極力避けつつ、「仕切る側」になったら毎回少しずつ儀式を簡略化していくことをおすすめします。

ぼくも冠婚葬祭は苦手ですし、「どうでもいい坊主」に金をくれてやるつもりもまったくありません。「死を悼むこと自体は、個人がそれぞれすればいいことのはずです」というのも、そのとおりだと思います。問題は「決まりきった、無意味な儀式がないと納得できない」という人たちがそれなりの数いることで、冠婚葬祭の多くはそういう人たちを満足させるためだけのものではないかと思いますが、「そういう人たち」は「そういうことになってるから」というだけの理由で無意味な儀式を他人に押し付けることに疑問を持ったことがありませんから、そこで「バッカみたい。どうでもいいじゃん、そんなの」などと本当のことを言ってしまうと怒り狂うこと必至です。だいたい、**「本当のことを言われるとみんな怒るものだ」ということは覚えておいて損はありません。**それに「そういうことになってるから」と思考停止している人たちとは議論しても絶対に埒《らち》が明《あ》かないので、話すだけ無駄だし疲れてしまいますよね。

だから、冠婚葬祭は極力避けつつ、どうしても参加しなければならないときは我慢してやり過ごすのが得策だと思います。明らかにくだらない儀式のあれこれについて、物分かりの悪い人たちと議論する時間やエネルギーを考えると、実はサッサと参加するだけして終わらせた方が楽、というケースは多いはずです。あと、もし将来的に、ご質問にもあったように「仕切る立場」になった場合は、毎回少しずつ儀式を簡略化していくことをおすすめします。一気になくそうとすると反発も強いと思うんですが、ちょっとずつ、こっそり減らしていけばなかなか気づかれないし、気づかれたとしても「えっ、前回とほとんど同じなんですけど」と言い返せるのではないかと思うからです。あっ、でも「仕切る立場」であれば、そこまで考える必要はないかも。自分の裁量で無駄な儀式を中止できるなら、やっぱり一気になくしてしまった方がいいです。

回答を終えて

サタニズムにもさまざまな儀式があります。ただ、宗教のそれとは違って、大人数が集まっていないと儀式ができないというようなことはありませんし、また、儀式をまったく行わなくても一向に構いません。一定の手順を踏んだセレモニーとしての儀式は、あくまでそれを執り行う個人もしくは集団にカタルシス（心理的な開放感）をもたらし、そのことで活力を得ることが重要であって、盲目的に無意味な儀式を繰り返すことは必要とされていません。もちろん、一般の冠婚葬祭にもカタルシスをもたらす効果はあるでしょうし、そのことで活力を得る人がいないとは言い切れませんが、形骸化《けいがいか》した古くさい儀式を単に「そういうことになっているから」と反復し続けるのは、いかにもバカバカしいことだと思います。学校や会社の朝礼だとか、エラい人が愚《ぐ》にもつかない訓示を垂れるような機会を、何かしら意味あるものだと考えて尊重する必要はまったくないのです。

SATANIC
ADVICE
THE SATANIST
IS IN

Q 父親になることに不安を感じています。

質問者●「クラッキティ・ジョーンズ」さん

妻が妊娠しました。２人で話し合った上で子作りに励み、ついに懐妊ということで大変喜ばしいのですが、一方で父親になることにプレッシャーを感じております。毎日「仕事行きたくないよー帰りたいよーめんどくさいよー」とヒーコラ言いながら仕事をし、家に帰ればゲームにNetflix、休日はもっぱら映画館通い。今まで趣味を第一に考えてきた自分に父親が務まるのだろうかと思うと、正直不安です。家事、仕事、趣味に加えて育児もやっていけるだろうかと……。もちろん、一番大変なのは妻なので一生懸命支えていく所存です。そこでヨシキさんに質問なのですが、こういうとき男はどういう心構えでいれば良いのでしょうか？　もしくは、こんな悩みにぴったりの映画はありますでしょうか？　サタニズムの子育て論なんかも聞いてみたいです。

A 「なーに、石器時代からみんなやっていたことだから、自分にできないわけがないじゃんか」と自信を持っていいでしょう。

これは難しい質問です。なんといってもぼくには子供もおらず、父親になった経験もないので、ここで子育てについて一席ぶつのは非常にためらわれるところではあります。しかし、作家の平山夢明《ひらやまゆめあき》さんの言葉を借りれば「**松本清張《まつもとせいちょう》先生だって人殺しをしたことないのに、殺人の話ばかり書いているじゃないか**」ということで、経験がないからといって何かについて語れないということもないか、と気を取り直して回答したいと思います。

結論から言ってしまえば、大丈夫だと思います。未知の体験を前に不安になる気持ちはわかりますが、これまでの人類のうち、かなりのパーセンテージの人が、それこそ何十万年にも渡って子育てし、まがりなりにも種を存続させてきたわけですから、ここはひとつ「なーに、石器時代からみんなやってたことだから、自分にできないわけがないじゃんか」

と自信を持っていいでしょう。

サタニズムでは子供は「より獣に近い」という理由で尊重されています。というか、そういう面白い言い方をするから余計にサタニズムが誤解されたりもするのですが（わざと誤解させて遊んでいるともいいます）、これは「子供は（動物と同じように）自分の欲望に忠実で、また大人のように妙な駆け引きをしないから美しいのだ」という、わりと当たり前のことを端的に言っています。なお、子供はいったん覚えると息を吐くように嘘をつくのですが（ぼくもそうでした）、親からしてみれば全部バレバレなのも可愛らしいところです。

知り合いから聞くところによれば、子育ての時期というのは、ヒーコラ言っているうちにアッという間に終わってしまうそうです。これも不必要にプレッシャーを感じなくていい理由の一つです。なお、この**ヒーコラ部分を奥さんとうまいこと分担するのは超大事だと思います**。だいたい夫婦間の争いというのは、子育てに限らず「自分の方がよりヒーコラしているのに！」という不平等感から生まれるのが常なので、そこを「お互いヒーコラしてて大変だ」と双方が思えるように動くに越したことはないです。

あと、もし子供を預けられる人がいたら、たまには遠慮なく預けてどこかにご夫婦だけで遊びに行ったりする機会を設けるべきでしょう。乳幼児のときは、それこそ乳母さんでも雇わないと難しいと思うので、数年間はヒーコラ度が高くなるでしょうが、『メリー・ポピンズ』(1964年)ではありませんが、先の読めないゲームだと思って1個1個問題をクリアしていけばアッという間に年月が過ぎてしまうそうです。

子育てというのは、それこそかつて大ベストセラーとなった『スポック博士の育児書』(1946年刊/『スタートレック』とは関係ありません)の時代から、いろんな方法が提唱されていますが(ぼくの親は結構『スポック博士の育児書』を参考にしていた疑いがあります)、育児子育て関連のあれこれには、スピリチュアルやオカルトまがいのものも多くあるので、怪しげなものには首を突っ込まないのが得策です。超能力的なことを言い出したり(「子供にしか見えないものがある」など)、心霊的なことだったり(前世を覚えているとか)、簡単なテストがクリアできたから「あなたの子供も天才!」と言いつのったりするようなものは全部インチキなのでニッコリ笑ってやり過ごすのが一番です。あ、「親学」とかいうのも、とんでもないインチキなので近づいてはいけません。

それより、子供がある程度育っていろいろ質問するようになったら（これは甥っ子や友だちの子供で実際に見ていますが、かなりウザいことは確かです）、適当にごまかさず、なるべくきちんと理屈立ててなんでも説明することが重要です。**「ちゃんと相手をしてもらえている」と子供が思えるのも大事だし、ものごとを合理的に考えるやり方や、科学的なものの見方には早いうちから慣れさせておくべき**だとぼくは思います。

ただ、映画館になかなか行きにくくなるのは辛そうですね。ただ、これも奥さんと交代で行くなどすればできないことはない……かもしれません。Netflixやゲームは子育てをしながらでも全然大丈夫だと思います（もちろん、ちゃんと子供に目を配っていれば、という意味ですが）。

子供はとてもか弱く、育つ過程には危険もいっぱいありますが、一方でなんだかんだ言ってアッという間に育つし、大人が思うよりタフ（というか無神経）だったりもするので、いろいろ思い悩んだり、思い詰めたりして変に自分を追い込まないように気をつけつつ、肩の力を抜いて子育てするのがいいのではないかと思います。なお、子育ての過程では「公園デビュー」だとか「ＰＴＡ」などといった中ボスが次々と登場して行く手を阻《はば》むと聞いていますが、そのへんは本当にケースバイケースだと思いますので、やっぱり肩の力を抜いて「ハハハ、世の中にはおかしな人たちもいるなあ」ぐらいでやっていってはいかがでしょうか（子育てというものは、いろいろ助言してきたり、自分のルールを押し付けたりしてくる、ちょっと頭のおかしい人たちとの闘いでもあるのだそうです）。

さて子育てにぴったりの映画ということですが、これはもう『赤ちゃん泥棒』（1987年）がいいと思います。と言ってみたものの、もう観たのが25年以上前なので、たいがい内容も忘れてしまいました。刑務所からトンネル掘って脱走したジョン・グッドマン（だったと思ったけど違う人だったかも）が泥まみれで「うおー！」と叫ぶと豪雨の中雷がビシャーン！　みたいな場面だけ印象に残っていますが……『赤ちゃん泥棒』はコーエン兄弟初期の作品で、以前から仲が良かったサム・ライミの影響も強く感じられる、良いコメディだと思います。赤ちゃんもの、子育てもの（あるいは単に子供もの）では、ホラーだったらいくらでもおすすめできるのですが（『ローズマリーの赤ちゃん』〈1968年〉、『バスケット・ケース3』〈1991年〉、『デモン・シード』〈1977年〉、『悪魔の赤ちゃん』シリーズ、『光る眼』〈1995年〉、『トワイライトゾーン／超次元の体験』〈1983年〉のジョー・ダンテ監督のエピソード、『オーメン』〈1976年〉、『ペット・

セメタリー』〈1989年〉、『エクソシスト』〈1973年〉、『悪い種子』〈1956年〉、『ザ・チャイルド』〈1976年〉、『チルドレン・オブ・ザ・コーン』シリーズ、『悪魔の受胎』〈1976年〉、『ザ・ブルード／怒りのメタファー』〈1979年〉、『エスター』〈2009年〉、『炎の少女チャーリー』〈1984年〉etc.）、あまりこんなのばっかり観ているとそれこそ胎教に悪そうなので、ここは一発、子供は結構タフだから大丈夫、ということを再確認するためにも『ワンス・アポン・ア・タイム・イン・アメリカ』（1984年）とかを観るのもいいかもしれません。

あと映画に出てくる可愛い子供といえば、『アダムス・ファミリー』（1991年）も外せないです。質問者の方も、**ぜひ『アダムス・ファミリー』のような素敵な家庭を目指していただきたいと思っております**。最後の最後にこれまた聞いた話ですみませんが、自分の子供って、マジ可愛いらしいですよ。

回答を終えて

友達の家の子供がアッという間に成人してしまったり、甥っ子に1年ぶりに会ったら、すでに身長を追い抜かれていたりと、子供が育つスピードには驚かされどおしです。いわゆる「歳をとるにつれて、時間の進むスピードが速くなったように感じられる」ということもあると思いますが（小学校に入学した頃は、6年生になるなどというのは永遠のさらに先の、果てしない未来のように感じられたものです。それまでの人生と同じ年数、学校で過ごすことになると宣言されるわけですから、そう感じるのもやむを得ないことではありますが……）、友達の子供とか親戚の子とかには、たまの機会にしか会わないので余計その成長にビックリしてしまうのでしょう。逆に、親になった人によれば「子供の成長を見ていると、自分もまた子供時代を再体験しているかのように感じられる」ということもあるんだそうです。本当にあなたが「子供時代を再体験したい」かどうかは別としてです。

SATANIC ADVICE
THE SATANIST IS IN

Q 義理の家族との食事が苦痛です。

質問者●「wtr」さん

私は現在、妻とその家族（両親と祖父母）と同居しており、いわゆるマスオさん状態なのですが、正直に言って大変居心地が悪いです。妻は普段帰りが遅く、夕食時には妻を除いた5人でいつも過ごしているのですが、はっきり言ってそこでの会話が苦痛です。義理の祖父母は近所の人の結婚や離婚の話題が好きでそういう世話を焼くのも好きなためか、どんな話もそっちの方向へ持っていこうとします。また、義父は何かにつけ文句をつけることが多いのですが、どうもこだわりが強く自分の主張を押し通そうとするところがあります。そんな家族なので、義父と義祖母の言い合いを聞かされることもあります。

私が何かを言われるわけではないですし、家族はそれぞれ素敵な部分もあり、嫌いというわけではないのですが、今の状態では食事も全然おいしいと思えません。また私はあまり口数が多い方でも社交的な方でもないので、妻の家族と会話するのもどこかぎこちなくなってしまい、コミュニケーションをとるのが下手だなあと感じています。私たちの世帯だけで住むことも考えているのですが、妻の仕事の都合もあり近いうちにはなかなか実現しなさそうな現状です。そこでアドバイスを頂きたいのですが、こうした妻の家族のような関係の人とうまく付き合う方法や、ヨシキさんご自身の体験、サタニストの家族観などをご教示ください。

A

なんらかの物理的な解決法を図る以外にないように思います。すぐには無理でも、目標の時期を設定することで気が楽になるはずです。

これは難しいケースだと思いますが、質問者の方が直接何かを言われるわけではない、というところにまだ救いがあると思います。それと、この「義父と義祖母の言い合い」というのが、毎晩のように質問者の方の目の前で繰り広げられているというのは、見方によっては、彼らの中で質問者の方が完全に「身内」という感覚になっているからこそそうなっていると考えられます。それは、こういう状況においては比較的良いことです。質問者の方が「あまり口数が多くなく、社交的でもない」という点についても、先方はおそらくあまり気にしていないと思います。

しかし、残念なことを言うようですが、質問者の方が思い切っていろいろ話題を提供したりしてみたところで、彼らの会話様式が変わるとは思えません。皆さんいい歳で、そういう会話法が身に染み付いている上、当然のことですが彼らにとっての自宅は、「自分たちの望む会話を存分にできる場」として機能しているわけですから、そこに変化が生じることはあまり……というかまったく期待できません。これは義父母や義祖父母の人が悪いと言っているわけではなくて、それが彼らにとっては、一番楽しい、あるいは気兼ねのないコミュニケーション方法だからです。

なので、そういう、質問者の方にとってはごはんがまずくなるようなコミュニケーションであっても、無理に巻き込まれていないだけまし、と、まあ消極的なやり方ではありますが、現状を肯定することはできると思います。質問者の方は、こういう状況に悩みながらも「家族にはそれぞれ素敵な部分もあり」と書かれるほどの優しさをお持ちですが、そのことは義父母・義祖父母の人もそれなりに理解されているはずです。で、その優しさをわかった上での「身内感」があるため、そういうストレートな、あるいは自分の主義主張が表に出たコミュニケーションをストップする理由が彼らの中に生じ得ないわけです。**奥さんの実家から「身内」や「家族」だと認識されていることは、決して悪いことではありません。**彼らのコミュニケーションに、たとえやんわりとであっても文句を言ったり、軌道修正をしてくれるよう働きかけることで、その「身内感」や「家族感」を失ってしまう可能性があります。

それでも、毎回「ごはんがまずくなる」ような思いをされているとのことですから、やはりご家族のコミュニケーションもたいがいなのだろう、ということは想像できます。難しいですね。しかも家のごはんだと、お店のように自分だけ先に帰るというわけにもいかないし……、ぼくは最初、ここまで書いてきた理由からして、状況を変えるような働きかけはあまり望ましくないわけだから、なんとかして彼らのコミュニケーションを、言葉はおかしいかもしれませんが「楽しむ」方向に気持ちを切り替えてみてはどうか、と提案するつもりでした。しかし「ごはんがまずくなる」ような気分を「楽しめる」ようにするのは至難《しなん》の業《わざ》です。

ですから、ここはやっぱり一度、奥さんに思うところを話して、引っ越すか、あるいは「遅くなってもごはんは奥さんと一緒に食べる」ことにするなど、なんらかの物理的な解決法を図る以外にないように思います。すぐには無理でも、いつぐらいまでには、と、目標の時期を設定することで、「それまでの辛抱《しんぼう》だ」と思えるようになれば、少しは気が楽になるはずです。**「これがずっと続くのか……」という思いが、気分をさらにどんよりさせてしまっているということは絶対にある**と思うので。

ぼくの実家はもともと親戚付き合いが結構少なく（父が親戚付き合いを嫌っていたからです）、そういう意味で、いわゆる「濃い」家族の感覚にあまり馴染《なじみ》がありません。だから『ゴッドファーザー』（1972年）のような「濃い」家族像には一種の憧《あこが》れを感じる一方で、ああじゃなくて良かったかも、と思っている部分もあります。それを寂しいと感じるかどうかは、育った環境やそれぞれの家族観でまったく違うと思いますが、ぼくの場合、あまり濃密な感じだと、パーソナルスペースが侵害された……とまでは言いませんが、**血の繋がった家族といえども、それぞれは独立した個人なので、そこを尊重し合えるといいなと思っている**ということはあります。「家族」というマジックワードを盾に個人と個人の境界線を侵食されたくない、という気持ちがあると言ってもいいでしょう。冷たく聞こえるかもしれませんが、独立した個人が解体されてしまうほど「濃い」家族関係の方が往々にして悲惨な事態を招くのではないか、とも思っているのです。

回答を終えて

「家族」というのはマジックワードで、問答無用で「大切にし、守るべき」ものだ、という考え方に繋がりやすいのですが、そんなことはもちろんありません。最低最悪な家族はいくらもあるし、「家族」というワードを武器に人を苦しめ、追い詰める人たちもいます。ところで、映画などで家族や恋人について「ぼくは命に代えても君を（家族を）守る！」というような場面に出くわすことは多くあります。ぼくは、そういう表現を聞くたびに、その前提となっていると思しき世界観を思って絶句してしまいます。「なんとしても守る」と宣言する必要があるほど、そこは危険に満ちていて、周囲には悪意に凝り固まった敵しかおらず、殺し合いすら日常茶飯事であるに決まっているからです。そのような殺伐《さつばつ》とした核戦争後の世界で、恋人や家族を守るため戦い続ける戦士の皆さんが血まみれの激闘に勝利し続けることを願ってやみません。

SATANIC
ADVICE
THE SATANIST
IS IN

Q 夫との価値観の違いに悩まされています。

質問者●「T・N」さん

家族、特に夫との価値観の違いに悩まされています。たとえば、ヨシキさんのメルマガにしても、夫は「お金を出してメルマガなんてバカじゃないのか、早くやめろ」と言います（夫が吸っているタバコ代よりずっと安いというのに！）。また、私はデジタル写真をPhotoshopで加工したアートを作ったり、花の写真を撮ってネットにアップしているのですが、「金にもならないのに、好きなことばかりやっていて、なんと役に立たない女だ」と罵《ののし》ります（それなりにお金がかかるので、気に入らないみたいです）。最近は、離婚するとまで言い出しました。さすがに本気ではないと思いますが、あまりの罵倒《ばとう》に心が揺らいで、いっそアートなんかやめてしまおうか、と思うこともあります。それで質問ですが、ヨシキさんは、カタギの暮らしをしようと思ったことはありますか？　映画に関わらない人生を、考えたことがありますか？

A どうしても相容れない配偶者とは距離を置いた方が良いと思います。

お金を出してぼくのメルマガを購読してくださっている皆さんは、断じて！　絶対に！　バカではありません！　このことは最初に強く言っておきます。確かにメルマガの内容はバカっぽいものですが、だからといってメルマガ読者の皆さんの購買行動をバカ呼ばわりしていいことにはなりません。しかし、ご質問を読む限り、質問者の方の配偶者は「（当人にとって）役に立たない、もしくは重要でないと思われる」事物にお厳しいようですから、そういうことであれば、これは本メルマガ始まって以来の快挙となるかと思いますが、ここで、超々深刻で、誰も絶対に無視できないような大問題について極めて重要なことを書きたいと思います。もちろん、そんな重要な事柄はぼくのオリジナルではなく、よそからの引用ですが。

「生命、宇宙、そして万物についての究極の疑問の答え」

それは「42」です。

これはディープ・ソートという全時代・全宇宙で2番目にすごいコンピュータが750万年かけてはじき出した結論なので、この質問に対する答えとしては完璧なものです。小説『銀河ヒッチハイク・ガイド』〈河出文庫／ダグラス・アダムス・著、安原和《やすはらかず》見《み》・翻訳〉を読めば（映画版かテレビ版でもいいです）それがわかりますが、なんと、今ここに引用したことによって『銀河ヒッチハイク・ガイド』を読まずとも、究極の問いの答えが得られたわけですから、もうこれでぼくのメルマガが「役に立たない」とか「重要でない」とは言えなくなったはずです。もし、これほど重要な情報が載っているにもかかわらず、配偶者の人が「それでもそんなメルマガ、役に立たないし、一銭の価値もない」と言うのであれば、文句はディープ・ソート・コンピュータに言ってください、とお伝えください。

冗談はさておき、フォトショップでアートを作ったり、写真を撮ったり、というのはとても良いことです。ぼくもたまに粘土でシュランクンヘッド（首狩族の干し首）を作ったりしますが、自分で手を動かしたりパソコンを使ったりして、絵だとか立体だとか、もちろん写真でも文章でもなんでも構いませんが、作り上げることには楽しみがあります。楽しいことはいいことに決まっているので（他人を苦しめるのが楽しい、とかいう病的なアホンダラについてはここでは無視しておきます）、どんどんおやりになったら良いと思います。**好きなことをやって何がいけないというのでしょうか。**配偶者の人の理屈を逆から言うと、人間は「嫌いなことばっかりやっているべき」ということになってしまいますが、そんなおかしなことはありません。仕事やなんかで、あまり好きでもないことをやらなくてはいけないことは誰にでもありますが、それと「好きなことをするな」というのは話がまったく違います。金にもならない、好きなことをやるのは人間のあり方として根本的な部分で（いや、動物でさえ自分たちで考えた、生存の上でなんの得にも結びつかない遊びに夢中になるものです）、そこを否定するような物言いには非常な反感を覚えます。

質問に対する答えをいろいろ考えたのですが、結論から言ってしまえばこの配偶者の人とは距離を置いた方が良いと思います。T・N・さんの生活状況はわからないので迂闊《うかつ》なことは申せませんが、もし経済的に自立して生活することが可能であれば、離婚も視野に入れて考慮するべきだと思います。ただ、もちろん、生活を成り立たせることは最も重要ですから、それが難しい場合、結婚生活を続けるという選択肢はもちろんあり得ます。が、今現在、配偶者の人の方から離婚を言い出しているのであれば、第三者を入れることで有利な条件での離婚も可能だと思いますから、まずは弁護士（誰かに紹介してもらうと良いと思います）に相談してみてはいかがでしょうか。

今回のご相談に関して、ぼくは過激な手段をおすすめしようとしてこう言っているわけではありません。ここで問題になっているのは「価値観の違い」ではありません。そうではなくて、英語で言うところの「abuse」すなわち虐待があるので離婚をお考えになった方がいいということです。

虐待と日本語で書くと、いわゆる家庭内暴力が連想されると思いますが、**日常的に繰り返し、かつ継続的に罵倒が続く状態は明らかに「虐待」です。**また、結婚相手のことを「役に立たない女」などと貶《おとし》めるのも「虐待」です。「あまりの罵倒に心が揺らいで」とまで書かれていることから鑑《かんが》みるに、事態はかなり深刻だと思います。このような深刻な事態が「深刻な事態」と受け取られずじまいに終わってしまう、そういう土壌《どじょう》というか精神性がいまだ日本に根強く残っていることは事実です。しかし、だからといって日常的に、それも家庭内で家族を蔑《さげす》んだり罵ったりすることが正当化されるはずもありません。

ぼくは最初、配偶者の人の「お金にならないことばかりして」という物言いに引っ掛けて、いろんな反論を書こうかと思っていました。しかし、それはやめることにします。なぜって、これほど自明なことはないし、冗談としてこういうバカな発言を揶揄《やゆ》するのは楽しいかもしれませんが、では逆にそうぼくがここに書いたとして、それを質問者の方が家で引用したところで相手に伝わりっこないという確信があるからです。自然も世界も宇宙も動物も、そうしたすべてが存在し、活動しているという、本当に本当に驚くべき事実を、まるで目に見えないものであるかのように振る舞う人々（政治家をはじめ、沢山います）に対して、その驚異を理解させることは至難の業です、というか、ぼくはこのことに関してはほとんど諦めています。一定以上の年齢で、「驚異」に対して完全に目をつぶってしまっている人たちの、わけのわからない偽の「万能感」には付き合いきれません。

世界や宇宙に対する原初的な、そして根源的な驚異の念と、アートや科学、「物を考える」ということは常に密接に結びついています。そのことに自覚的であるか、そうでないかは別として、事実としてそうです。「金にならないから」と言って、そうした人間の根幹に関わる営《いとな》みを否定することは、ぼくに言わせれば人類に対する挑戦であり、恐ろしく犯罪的な物言いであるとすら思います。

ですが、それを言ってもどうせわからないのであれば、せめてそういうことを言いつのる人間からは距離をとるのが得策、と思うので、冒頭のようなお返事をせざるを得ないのです。というか、これも最初に書きましたが、問題意識以前に、すでに虐待が発生しているという状況なので、抽象的（で、面白く楽しい）話をする前に、具体的に状況を改善する手立てをとるべきだと思います。誰か信頼できる人に相談するのもいいし、それこそ弁護士や、あるいは民生委員、また虐待に関するNPOや役所の窓口などもあると思いますので、とにかく一度現在の状況について相談に行ってみるのがいいでしょう。その上で、これまた最初に書きましたが、生活をどうやって成り立たせるかということを第一に、よく考えて結論を出してみてください。好きでやっているアートをやめる必要はまったくありません。いろんなこと、特に生活基盤を考慮に入れた上で、打開策を探してみてください。それが離婚ということになるのか、そうでないのかは別として、なんらかの方策が必ずあるはずです。また、ぼくもよくあるのですが、こういうときはワーッとなって優先順位を間違えてしまいがちなので、問題点と、その解決法（の可能性）を考えられる限り書き出してみて、それぞれについて「どちらがより切実な問題」で「どの解決方法が一番現実的で、かつ自分にとって実害がない／あるいはメリットがあるか」を比較検討するのも良いと思います。

最後になりましたが、カタギの仕事をしようと思ったことは……ないと言っていいと思います（たまに「カタギの人は5時で仕事が終わるからうらやましいなあ、ボーナスも出るし」と思うことはありますが、これはやっかみというものでしょう）。また、アートや映画や、ものを考えることと関係のない人生を考えたことはまったくありません。逆に純然たる「お金もうけ」のことを考えたことは全然ないので、それでいつもカツカツなのかもしれませんが、観終わった映画のビデオテープを巻き戻したりするのに忙しいので「お金もうけ」のことを考える余裕はなかなか持てないのです。

回答を終えて

ダグラス・アダムスの『銀河ヒッチハイク・ガイド』シリーズは、もともとラジオドラマから始まって、小説、テレビシリーズ、そして映画化もされたハチャメチャSFの傑作です。物語は、銀河ハイウェイの建設に伴って、地球が木《こ》っ端《ぱ》微塵《みじん》に爆破されてしまうところから始まるんですが、イギリスのコメディSFには『銀河ヒッチハイク・ガイド』のように、まず地球と決別するところから始まるものがいくつもあります。テレビシリーズ『宇宙船レッド・ドワーフ号』（1988年）は、巨大宇宙船の中で主人公が冷凍睡眠している間に300万年経ってしまった、というところから始まりますし、『スペース1999』（1975年）は、月が軌道を離れて宇宙をさまよい始めたことで物語がスタートします（主人公は月面基地の隊員たちです）。時空を大幅にエイヤッと飛び越える、こういう物語に触れると元気が出ます。自由にメチャクチャなことを考えるのは楽しい、と思えるからかもしれません。

SATANIC ADVICE
THE SATANIST IS IN

Q 就活がイヤでたまりません。

質問者●「スナグルトゥース」さん

私は現在大学生で就職活動をしているのですが、まったくうまくゆかず悩んでいます。面接へ足を運べば、学生たちはみな、いわゆる「そういうことになってるから、そうしている（のが正解）」というタイプの人間ばかりで、服装も髪形も同じなら、受け答えも似たような毒にも薬にもならないことばかりの人たちで、しかもそうして思考停止している人ほど、企業から内定をもらっているように見えます（なぜなら採用する側も「そういう人たち」だから）。そんな人たちの中に身を置いている自分のことがまず嫌になりますが、といって、就職しないことには生きてゆけません（これからの日本のことを想像するとなおさらそう思ってしまいます）。とはいえ、いざ面接で「自己ＰＲをしてください」というような要求に対して、面の皮の厚い学生たちが、あたかも人生には何か１本筋の通った「ストーリー」があるかのように、事前にでっち上げてきた苦労話と成長譚《せいちょうたん》（しかも、でっち上げるうちに自分でも信じてしまっているからタチが悪い）を生き生きと大声でしゃべっている姿を見るにつけ、虫酸《むしず》が走り、その場にいる全員ブチ殺したい気持ちになりますが、そんなことできるわけもなく、家に帰って『タクシードライバー』（１９７６年）

のトラヴィスがテレビを蹴倒すシーンを観て泣き寝入りするしかありません。だいたい面接で聞かれる質問というのがたいてい「そんなこと一言で説明できるか！」と思うようなものばかりで、どうしても答えに窮《きゅう》してしまいます。

そんなものはとりあえずその場だけ、良き就活生の「ふり」をして答えればいいだけの話で、それができずにいる私が幼稚なだけなのだとは思います。思いはする一方で、そんな人間になってたまるか……という気持ちが拭えません。しかもそういう、要領がいいだけの思考停止した人たちが金持ちになって、自分はそういう人たちに見下されながら生きてゆくのかと思うと暗澹《あんたん》たる気持ちになってきます。周りの人間のことなんか気にしなくていいはずなのに、こういう人たちにバカにされることがどうしても耐えられません。と、このようにして悩みが堂々めぐりするばかりの毎日です。そこでヨシキさんの「就活」に対するお考え、あるいはご経験、あるいは就活生を皆殺しにする映画などありましたら、教えていただけないでしょうか。

A 就職しなくても生きていく方法はいくらでもあります。しかし……

まず最後の質問からお答えしますと、就活生を皆殺しにする映画、というのはちょっと思いつきません。もしあったら観てみたい気もしますが、就活生の皆さんはそもそも抑圧的な状況下に置かれているわけで、そういう人たちが皆殺しにされる映画は、あったとしても、あまり後味の良いものにはならないような気もします。まあ、後味の悪い映画はそれはそれで楽しいものなので、もし読者の方々の中に映画関係者の方がおられましたら、ぜひ企画会議に「就活生皆殺し映画」を提出してみることをおすすめします。やり方次第では面白い映画になる可能性も十分あると思います。たとえば、ご質問にもあるような、「そんなこと一言で説明できるか！」というような質問を次から次へと投げかけられるような状況、というのを、もっとトーチャー・ポルノ的に描いて、「一言で答えられない質問に、一言で答えないと、1問ごとに胴体のどこかが切り落とされてしまう」ようにしたりすると……うーん、あまり面白くないですね。どうせだったら、80年間就職活動を続けてきた老・就活生が……これも面白くないか。そうだ、やっぱりこういうときはスパイものがいいんじゃないですか？　絶対に就活生を採用しないといわれている謎の企業（なんでじゃあ社員を募集してるのか、というところも謎なのですが）があって、そこの面接というか入社試験が少林寺三十六房と『ラビリンス／魔王の迷宮』（1986年）の迷路と『レイダース／失われた聖櫃〈アーク〉』（1981年）のチャチャポヤン寺院のブービートラップだらけの回廊を合わせたような、超難しいスーパーマリオブラザーズみたいなところなんですが、そこに、かつて、その「スーパーマリオブラザーズ面接」で弟を惨殺された女戦士（サンダール・バーグマン）が乗り込んでですね、あれ、もうスパイでもなんでもなくなっちゃったな、そして全身ズタボロになりながらも彼女が死亡の塔を1階ずつ上がっていくと、最上階の社長室で待ち受けていたのは全身をロボ化したかつての弟なのだった！　ガーン！すみません、まったく就活と関係ない、世にもくだらないたわごとを書き連ねてしまいました。忘れてください。

就活中の学生さんたちは道でよく目にします。確かに、みんな同じような髪形、同じようなスーツに身を包み、クッソ暑い中、かばんを持って面接会場に急いでいたりするところを見ると心が痛みます。まったくもって『ピンク・フロイド／ザ・ウォール』（1982年）の「アナザー・ブリック・イン・ザ・ウォール」みたいで気の毒です。なんで彼らの姿を見て心が痛むかというと、だって本当はみんな、ビーチで盛大に酔っ払いながらウエットTシャツコンテストで盛り上がったり、あるいはヘヴィ・メタルのライブのモッシュピットで大暴れしたり、バイクでアメリカを横断したり、カップルで銀行強盗しながらメキシコ目指して南下したり、教会に火を放ったりして青春を謳歌《おうか》したい年頃なわけじゃないですか。それが炎天下、スーツを着てあっちの面接こっちの面接と、企業回りをさせられているのはいかにも不条理です。

さて、質問者の方は「そんな人たちの中に身を置いている自分のことがまず嫌になりますが、といって、就職しないことには生きてゆけません（これからの日本のことを想像するとなおさらそう思ってしまいます）」と書いていますが、これは一考の余地があるとぼくは思っています。就職しなくても生きていく方法はいくらでもあるからですが、といって、「じゃあ就活なんかやめにしてバイトでゴー！」と無責任に言い切れるかというと、確かに状況からいってそれはきついと思います。バブル期ならいざ知らず、今の時代、「バイトや非正規雇用でもなんとかなるから、やめちゃえやめちゃえ」と言うのはさすがに無責任過ぎる。しかし一方で、じゃあ就職したらその先なんとか生きていけるのか？　というと、それもまた疑問です。就職したものの、不幸にして過労死してしまう人もいるし、また、大手だと思って就職したら吸収合併されたり倒産したり、ということも多そうです。

ぼくは就活というのはまともにしたことがないのですが、若いときは今よりずっと貧乏だし仕事がなくてお先は真っ暗だし来月の家賃をどうやって払ったらいいかわからないしで、毎日イライラしていました。「良き就活生のふりをする」どころか、感じのいい若者のふりもまったくできず、誰彼構わず、ええい畜生、お前らなんか死ね死ね死んでしまえ、と思うようなありさまでした。『狂い咲きサンダーロード』（1980年）で片腕を失ったジンさんがカップルに絡む場面ではないですが、道を歩いてても、自分以外はみんな家賃の悩みとかなさそうに見えたし、仕事もありそうに見えたし、自分よりまともな家に住んで普通にごはんを食べていそうに見えるしで、クッソー、のほほんと人間らしい暮らしをしているに違いない、殺す、とか思っていました（もちろん、誰も殺しはしませんでした）。

しかし、歳を重ねてわかってきたことは、そういう**「仕事がありそうで、自分よりまともな家に住んでそうで、家賃の悩みもなさそうで、普通にごはんも食べてそうな人」というのは、若い時分の、ぼくのイライラ全開な心の中にしかいなかったのではないか**、ということです。そういう人たちが実在しないと言っているわけではありません。そうではなくて、たとえ外からは非常に安定して見えるような人でも、やっぱり一寸先は闇だし、ふとしたきっかけで、そういう安定だの収入だの仕事だのごはんだの伴侶だのを、それこそコンマ1秒くらいの間にすべてなくしてしまうこともじゅうぶんあり得る、ということがわかってきたということです。

質問者の方が言っている「そういう人たち」、つまり「そういうことになってるから、そうしている」人たちは、今ぼくが言ったような事実から目をそむけているか、あるいは「そういうことになっているから、そうする」という態度をとることで、「一寸先は闇」という状況が現実になることを食い止められる、と思っているのでしょう。それはそれで一理あるかもしれません。大きな嵐が来たときに海岸で鼻歌を歌いながら歩いてたら波にさらわれて死んでしまいますが、小さくても小屋の中に避難していれば助かる可能性は上がります。しかし、それはその嵐が想定内のサイズにとどまっている場合に限られます。小屋ごと吹き飛ばされてしまったり、あるいは突然小屋の下の地面が噴火したり、巨大隕石が小屋めがけて落っこちてきたら、たとえ小屋の中にいたって助からないのですが、そういう想定外の大惨事はなかなか起こりにくいので、「想定内の避難行動をとること」が最善の選択に思えるのです。その考え方は決して間違ってはいません。

もしかすると、**今の就活の面接だの試験だのというものは、そうやって「想定内の避難行動をとる人間かどうか」ということを確認するための場になっているのかもしれません。**面接官も就活生も、どちらも恐怖に基づいて行動している。「想定」の枠をどんどん狭くしていけば、想定しなくてはいけない大惨事の数は減りますから、見かけ上の安心度はアップします。「同じような格好で同じような受け答えをする」ことは、学生と面接官の双方にとって「想定外」の可能性を減らす（本当は減ってはいないのですが、見かけ上）、という効果があり、だからこそ、どちらも敢《あ》えて「そもそも、こんな状況がおかしいんじゃないの」と言い出さないのかもしれない。一見、思考停止のようにも思えますが、これは思考停止とはちょっと違います。思考する幅を狭めることで安心感を得ているだけです。しかし、そうやって思考の幅を狭めていくと、好奇心は押し潰され、頑《かたく》なになり、保守的になり、早い話がオヤジ化が進行して、柔軟性に欠けたガチガチのつまんない人間になってしまいます。

質問者の方は、全然心配することはないと思います。思考の幅を狭めるようなあり方を強制されることに反発を覚えるのは、極めて当たり前のことです。若ければなおさらのことですが、歳をとっていようがいまいが、そんなものはファックオフです。周りの人に見下されることを気にしているようですが、視野狭窄《しやきょうさく》の人に見下されたからといってなんだというのでしょう（それでも実際に、現場で見下されると超イライラくる、というのはよくわかりますが）。

また、これは日本の企業の問題点としてしばしば指摘されることでもありますが、**日本の会社には、ムラ社会特有の「内部でしか通用しないプロトコル」を非常に重視する傾向がある、とよくいわれます。**ある会社に入って、何年もかけて磨いたと思ったスキルが、よそでは全然通用しない、という事態が頻発《ひんぱつ》するのはそのためです。その会社の中でしか通じない独自のコミュニケーション・ルール（明文化されていない）に精通することは、「狭い」場所では大きな力を発揮しますが、「広い」所では意味をなさなくなってしまいます。これは会社とか学校だけでなく、ありとあらゆる組織についていえることかもしれません。

そういう「内輪のプロトコル」、**本来は企業内部でしか通用しなかった「内輪のルール」が、就職活動をしている学生にまで適用されて当たり前、と思われるようになってきたところに現在の就活の異様さの原点がある**のではないか、とぼくは疑っています。

では、どうしたらいいいか。質問者の人は「とりあえずその場だけ、良き就活生の〈ふり〉をして」と書いていましたが、今の考え方でいくと、それは「良き就活生の〈ふり〉」をしているのではなく、「（本来は無意味な）内輪のプロトコル」を受け入れている状態だということができます。ただ、その「内輪のプロトコル」を受け入れない限り「内輪」に入れてもらえないわけですから（これは本当はパラドックスだと言っていいと思いますが）、頭にくるのは当然として、しかし「内輪のプロトコル」を「内輪のプロトコルに過ぎない」と意識することは大事なことです。それがしょせん、内輪の、特定のムラ社会におけるプロトコルに過ぎず、1歩外に出たらなんの意味もなさない、ということは常に頭の片隅に入れておく必要があります。この「1歩外に出たら」ということを「想定外」のこととして、思考の枠から外してしまってはいけません。逆に、**「内輪のプロトコル」というものを強く意識することで、では「外でも、あるいはどこでも通用するプロトコル=コミュニケーションの方法とは何か？」ということを考えることが重要です**。そう考えれば、そのときどきで自分が何をしたらいいのか、少しはわかりやすくなるからです。魂を売り渡さないためには、何を手放したら「魂を売った」ことになるのか意識し続ける必要があります。

抽象的な物言いばかりになってしまってすみません。ぼくは無駄に波風を立てた方が良いとか、あるいは何がなんでも「内輪のプロトコル」に逆らえ、と言いたいわけではありません。そういうものに乗っかる必要のある場面は多々あるでしょうし、それがイライラくるのは仕方のないことです。しかし、イライラを軽減し、偽りの安心感を手に入れるために思考の幅を狭めてしまってはいけないと思う。思考の幅を広く保って、魂の自由を確保しておくことが、のちのちどんな状況になったときにも自分を助けてくれるのではないかと思います。あまり役に立たないかもしれませんが、就活についてぼくから言えることはこんな感じです。

回答を終えて

インターネットで「就活　面接」と打ち込んで検索してみたら、「就活の面接でよくある質問と面接官の意図」だとか「就活でよくある質問の回答例」といった記事が沢山ヒットしました。どんな質問があるのか、ざっと読んでみましたが、無意味を通り越して嫌がらせのようなものがあまりにも多いのには本当に驚きました。たとえば最もポピュラーな質問だと思いますが「志望動機はなんですか」などと問われたら、ぼくだったら「お金がもらえるからです！」と叫んでしまいそうです。こんなのはまだいい方で、ひどい質問例になると「自分の大学生活を一言で表現してください」（ぼくの回答は「酒」でしょうか）とか、「一つ夢が叶うとしたら何をお願いしますか」（「そういう愚かで空想的な前提に基づいた質問をする阿呆が今すぐ死ぬようにお願いします」と言いたい）などなど、本当にどうかと思います。こんな不条理と直面させられる就活生が実に気の毒です。

SATANIC ADVICE
THE SATANIST IS IN

Q 社会をサバイブするための心構えを教えてください。

質問者●「ピクシー」さん

4月から社会人になるのですが、社会をサバイブしていくための心構えのようなものがあれば教えていただきたいです！

A 「そういうことになっているから」と思考停止している人を信用しないことです。

社会の中でサバイブしていくための心構えは簡単です。「そういうことになっているから」と言う人を信用しないことです。「そういうことになっている」のは、良くてそう言ってる人の周囲（会社など）だけか、あるいは最悪の場合その人の頭の中だけかもしれません。また「そういうことになってるから」と言う人は得てして「社会全部が〈そういうことになっている〉んだからお前もそれに従え」と言ってきますが、そんなことは絶対にありません。

もちろん、こういうことを言われるたびに異議申し立てをする必要はありませんが、**「別に本当はなんにも『そういうこと』になってなんかいないんだぞ」と思っておくことはとても大事です。**仕事に追われていたり、疲れが溜まってきたりすると、ものを考えない方が「ラク」という風になってきがちですが、考えることは超大事なので、常に「やっぱり〈そういうこと〉になんかなってないんじゃないか?」と問いかけることをやめないようにするといいと思います。「そういうことになっている」というのは思考停止に思考停止を重ねていくサイクルなので、その環にはまらないように注意するということです。きちんと合理的な説明が不可能な「そういうこと」など、永遠にファックオフだからです。

回答を終えて

実感として、また事実としても、日本社会はどんどん生きづらい場所になってきています。思った以上のスピードでディストピア化が進んでいることに気づいて愕然《がくぜん》とすることも多々あります。ほぼ毎日、そう思わされるような出来事に遭遇していると言っても過言ではないほどです。景気も今後、さらに悪くなるに決まっているし、社会の閉塞感もますます増していくことが予想されます。そんな中で、精神の均衡を保つのはなかなか大変なことです。かつて作家のウィリアム・S・バロウズは「精神に異常をきたした人というのは、何が進行中であるか気づいてしまった人のことだ」と言いましたが、まともな神経の持ち主であれば持ちこたえられないような状況の連続を前に何ができるかといえば、ここでまたバロウズを引用しますが「リラックスして心を落ち着ける方法がわかっていれば、ほとんどの疑問の答えはおのずと見出されるであろう」ということに尽きるかと思います。

SATANIC
ADVICE
THE SATANIST
IS IN

Q 人と話すことに自信を持ちたいです。

質問者●「D」さん

私は人と話すことがあまり得意ではありません。話すということに自信を持ちたいと思ってはいますが、言葉がうまく出てこないのです。4月に大学を卒業し上京、関西のド田舎から都会に引っ越してきました。江戸っ子の先輩には「君は話すスピードが遅いからイラっとする」と言われました。メールを打つのにも時間がかかります。会議の進行は、夜遅くまで練習しないと緊張して話すこともできません。好きなことを仕事にできたのに、半年前は早く仕事がしたくてたまらなかったのに、今は何も楽しくありません。このメールも、お酒を飲んでようやく打つことができました。ヨシキさんや宇多丸《うたまる》さんのように話すことがうまくなりたい、話すことに自信を持ちたいのです。日に日に話せなくなっていく自分が嫌です。どうしたらいいでしょうか?

A 早く話すことより、ゆっくりとではあっても筋道を立てて話すことの方がよほど大事です。

話すのや書くのがゆっくりなことを恥じる必要はないと思います。世の中には（というか、ぼくがまさにそうなのですが）、早口で意味のないことを並べるのは得意でも、きちんとした話ができない人がいくらでもいます。それより、ゆっくりとではあっても、筋道を立てて話すことの方がよほど大事です。

質問者の方は、おそらく、「きちんとしたことを言いたい」「間違わないようにしたい」という気持ちが人一倍強いのだと思います。しかし「日に日に話せなくなっていく」というのは、さすがにご本人も辛いと思うし、そのことで周囲とのコミュニケーションが希薄になっていくとしたら、それは困りますよね。それでは悪循環になってしまいます。「話すスピードが遅いと思われているのではないかと心配になる」→「さらに言葉を選んでしまう」→「そうしている間にますます相手がじれったく思うのではないかと心配になる」

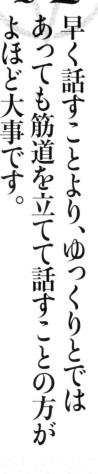

という風に、プレッシャーがどんどん増していく状況では、もともと自分に合ったスピードで話すことすら難しくなってしまうのも無理はないことです。

お仕事のシチュエーションはよくわからないのですが、まずはその「江戸っ子の先輩」に、一度、本音を言ってみてはいかがでしょう。質問者の方は、こうやってメールを頂いたことからもわかるとおり、言いたいことをちゃんと言葉にすることができるのですから、余計なプレッシャーがなければ状況を改善することは可能なはずです。なので、まずは、その先輩に「最後まで、少し辛抱して話を聞いてほしい、自分も話すことに自信を持ちたいし、そのためにはプレッシャーが少ない方が良い結果に結びつくと思っている」と伝えてみましょう。緊張やプレッシャーは悪循環を生むだけなので、困っているときにヘルプしてもらえないか、頼んでみるのです（質問者の方がするべき話を先輩がする、というようなな「ヘルプ」ではなくて、先をうながしたり、途中で補ったりしてもらうという意味です）。これは一見、相手の善意なり良心なりに基づいたお願いのように見えるかもしれませんが（もちろん、先輩に善意なり良心があればそれに越したことはありません）、それだけではなく、結果として、質問者の方が余計なプレッシャーを感じる必要がないシチュエーションが生まれ、それがスムーズなコミュニケーションに結びつくのであれば、そのことは先輩など周囲の人々にとってもメリットがあるということです。そのことを相手にわかってもらう必要があります。逆に、そのメリットが理解できない相手であれば、少し距離を置いた方がいいかもしれません。可能であれば、ですが。

質問には「このメールも、お酒を飲んでようやく打つことができました」とありました。多くの人と同じように、ぼくもお酒が入ると、いつもより饒舌《じょうぜつ》になります。うるさいと言われることもよくあります。なので、先輩にこういう話をするときは、飲みながらの方がいいかもしれません。ただ、言うべきことは紙に書いておくなりして、忘れずに伝えるようにしてください。

もうひとつ、会話というか**おしゃべりで交換される言葉の多くが、ほとんど意味のない「じゃれ合い」のようなものだと割り切ることは重要です**。すべての文章、すべての言葉に意味があって、筋道が立っている必要があると思うと、書いたりしゃべったりすることは難しくなります。ビジネス文書の無意味な美辞麗句《びじれいく》ではないですが、普段の会話においても、あまり意味のない、しかしコミュニケーションの一環ではある「じゃれ合い的なやりとり」というものは大きなボリュームを占《し》めています。「最近どう?」「『最近どう?』って、そっちこそどうなの」「いやー、どうもこうもないよ」「こっちも変わりない感じかな、まあ忙しいは忙しいけど……」「忙しいに越したことないじゃん」「そうは言うけどあんまり忙しいのもね」「まあそれはそうだけど、でもヒマよりはマシじゃん」「まあね、どう、そっちはヒマなの？」「いや別にヒマじゃないよ、結構忙しいよ」「とりあえず乾杯しようか」、というような会話はよくあると思いますが、こういった会話は、ほとんどなんの情報も交換していません。しかし、こうしたやりとりが、実は世間で交わされる会話の非常に大きな部分を占めていることは間違いありません。「話すスピードが遅くてイラッとする」と言っている先輩も、実はこういう「じゃれ合い」的なレスポンスを求めているだけ、という可能性はおおいにあります。というか**「話が面白い」とか「饒舌」だとかいう人のほとんどは、単に「じゃれ合い的な言葉の交換」に長《た》けているのです**。一つ一つの言葉や文章を、そこまで重要視しないことも時には必要です。「じゃれ合い」だと思えば、そこに多大なプレッシャーを感じる理由も少しは減るはずです。

「じゃれ合い」といっても、そうやって比較的無意味な言葉のやりとりをすること自体は、決して無意味ではありません。質問者の方は「今は何も楽しくありません」と書かれていますが、その「楽しくなさ」は、もしかしたら「じゃれ合い」の不足から来ているのかもしれないし、それは先輩が「イラッときた」理由と同じかもしれません。先輩だって「じゃれ合い」たいのに、それができなかったことを「イラッときた」と表現したのではないのでしょうか？　その可能性は高いと思います。もしそれが正しいとすれば、質問者の方と先輩は同じ問題を共有しているわけですから、先にも書いたように、その問題点と解決法について先輩に話をすることは双方にとってメリットがあるということになるでしょう。なので、まずはやはり先輩など周囲の人に、ご自身の気持ちと、プレッシャーが悪循環を招いている状況を改善する手段について相談してみるのが良いでしょう。一朝一夕《いっちょういっせき》に解決はしないかもしれませんが、多少なりとも質問者の方を取り巻く状況が良くなることを願っております。ヘイル・サタン（もし必要だったら、この質問と回答を先輩などに——全部でなくて一部であっても——読んでもらうのもいいかもしれません。その場合、「ヘイル・サタン」とか、余計な部分はあらかじめカットしておいた方が無難です）。

回答を終えて

しっかりものを考えながら話す人、人の話をちゃんと最後まで聞いた上で、きちんと自分の考えを述べることができる人に出会うと、「すごい……」と尊敬してしまいます。というのも、ぼくの場合、人の話を遮《さえぎ》って単なる思いつきをまくしたててばかりだからです。だから、人と話すことに自信はありません。初対面の人と話すのもかなり苦手です。と、書いていて気づいたんですが、こうしたすべてが何に起因するかというと、おそらく「他人に見透かされてしまうことの恐怖」なのでしょう。となると、正確には「人と話すことに自信がない」のではなく、「まったく自信が持てない自分」が露見してしまうことを恐れている、ということになりますが、これを解決するには多少なりとも自分に自信をつけること以外になく、また自信というのは他者との比較で生じるわけではないので（それは自信でなく慢心）、結局「もっとちゃんとしなくては」というところに落ち着くのでした。

SATANIC ADVICE
THE SATANIST IS IN

Q 仕事にやりがいがなく、たまに絶望的な気分になります。

質問者●「T・T」さん

自分は映画の脚本の学校に通っている、40代半ばの独身男性です。仕事は清掃を自営業みたいな感じでやってます。今の仕事は誰でもできる仕事で、そのぶん給料が安く、やりがいもありません。ただ生活のためにやっているだけです。脚本とか映画に関わる仕事に就ければ良いなと思うのですが、就ける保証はありません。このままこの仕事を続けても歳をとると体が動かなくてできなくなるし、貯金もありません、正直女性にもモテる仕事ではないし、彼女もいないしでたまに絶望的な気分になります。どうすれば気持ちをポジティブに持っていけるのかわかりません。何か良いアドバイスがあれば、よろしくお願いします。

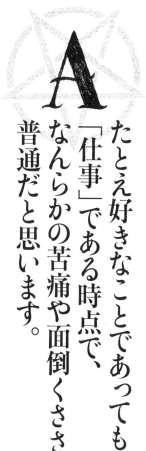

A たとえ好きなことであっても「仕事」である時点で、なんらかの苦痛や面倒くささを伴うのが普通だと思います。

たまに絶望的になるのはごく当たり前のことだと思います。まったく絶望感を感じることをなしに一生を終える人がいるとしたら、その人は実質的に生きていなかったのと同じです（脳に障害がある場合などは別ですが）。といって、いつも絶望しっぱなし、というのはいけません。常に絶望していると、ごはんがまずくなったり睡眠不足になったりと深刻な弊害《へいがい》が起きるので（ごはんと睡眠は超大事です）これも避けた方がいいのですが、そのためにはおいしいごはんを食べたりよく寝たりすることが重要です。あれ？　ぐるりと1周してしまいましたが、ということは、ごはんとか睡眠は絶望と相関関係にあるのでしょうか。たぶんそうかもしれません。

さて、お仕事に関してのお悩みについては、なんとも返事をするのが難しいです。というのも、現実として日本全体がどんどん貧乏になっていっているので、「誰にでもできる仕事」かどうかを問わず、収入源を確保しておくのは、誰にとっても重要だと思うからです。生活のために仕事をするのか、仕事のために生活をするのか、というのも一概に言えない問題で、たとえば「好きなことを仕事にする」と言うと聞こえはいいのですが、**「好きなことを仕事にする」というのは「仕事以外の自由時間がなくなる」ということでもあります**。オンとオフがはっきりしなくなってしまうし、また、人によっては「好きだったこと」を仕事にした結果、いろいろあって情熱を失い、結局一番好きだったことが好きではなくなってしまう……そういう悲しい結果に終わることもあります。向き不向きもあります。たとえばぼくはわりと人見知りで初対面の人と話すのが結構苦手なんですが、「いろんな人に会うのが好きなので、営業の仕事が楽しくてたまらない」という人もいます。ただ、そういう幸せなケースは比較的まれで、基本的に仕事は「仕事」になっている時点で、なんらかの苦痛や面倒くささを伴うのが普通です。「やりがい」に関しても同じで、どんな仕事でも、それにやりがいを感じる瞬間もあれば、「あーもうクッソどうでもいいなあ、辞《や》めたいなあ」と思うときがあるのもまた普通のことです。これは、よっぽどの奴隷労働、あるいは本当に嫌なのに断りきれずに就いてしまった仕事などの場合を除けば、仕事のいかんというより、精神状態の持っていき方の問題かもしれません。

ご質問には、今の仕事が「歳をとると体が動かなくてできなくなる」とありますが、逆にいえば今は体が動くわけですよね？　だとしたら、すぐに絶望することはないと思います。体が動くうちに、先手を打って「今に体が動かなくなったときに、動かなくても収入が得られるような方策」を考える時間はまだあります。自営業的なお仕事ということですが、清掃以外にも自営業でできる仕事や便利屋的な商売もいろいろあると思いますし、あるいは少し仕事先を増やして従業員を1人でもいいから雇ってみるといった風に「仕事の目先を変えてみる」または「教える方に回る」といった手段を講じてみてはどうでしょうか。貯金がない、ということに関しても（ぼくもまったくないので人に言えた立場ではないのですが）、まだ体が動いて仕事もできるのであれば、今月から毎月少しでもいいから絶対に使わないぶんを決めて、貯金箱に入れていけば、1年だけでも多少の蓄えにはなります。ぼくは最近やっとそれを始めて、決してうまくいっているとは言いがたいのですが、なんとかがんばってみているところです。1万円でも2万円でも、ゼロよりは安心感があります（銀行に預けると手数料で目減りするだけなので、手元に置いておく方がいいかもしれません）。

あと、女の人にモテるかどうかは仕事の種類とはあまり関係ないと思います。というか、職種のおかげで女にモテているような奴は、本人がモテているわけではなくて会社名や職業がモテているだけなので、遅かれ早かれろくでもない結果になるに決まっています。負け惜しみのように聞こえるかもしれませんが、絶対そうだと信じております。清掃業の一体何が悪いというのでしょうか。それがなかったら偉そうな大会社のビルだって、たちまち廃墟みたいなボロっちい外観になってしまうのです。ピカピカのビルに勤めている人間が「どうだ、うちの会社はピカピカの巨大ビルだろう」と胸を張れるのは、日々清掃してもらっているからではありませんか。ぼくは自分も掃除が好きなので、清掃作業をバカにする人間は許せないし、そんなことで付き合い方を考えるような女とは知り合いにもなりたくありません。なので、そうやって見てくれや職種で人を選ぶようなアホは放っておいて、もっと自分に自信をお持ちになるといいと思います。無理して見栄を張る必要はないので、なるべく人とフラットに気さくに付き合うようにしていれば、そのことの良さをわかってくれる相手は必ず見つかると思います。

なんだか通《とお》り一遍《いっぺん》の回答のようで恐縮ですが、**ヤケクソと絶望は適度にしておいた方がいいということは絶対に言えます**。自分を振り返ってみても、ヤケクソと絶望の塊だった若い頃は、無駄にジタバタして余計に苦しくなっていました。そういう時期があったことは後悔していませんが、40歳を過ぎてまでヤケクソと絶望でやっていくのは本人にとっても辛いし、周りも扱いに困るし、あまり良い結果を招かないと思うので、

①今はまだ体も動くし仕事もできるんだから大丈夫

②人間は何歳になろうが、なんでもできるし何にでもなれる

③楽しいことを自ら遠ざけない

④少しは貯金してみる

⑤人に接するときは、なるべくフラットに付き合うようにしてみる

⑥良い本を読む

といった感じで行ってみてはいかがでしょうか。って、結局いつも『モンティ・パイソン／人生狂騒曲』（１９８３年）エンディングの「人生の意味」みたいになってしまうのが当質問コーナーの困ったところですが、まだ到来しない将来の情景を思い浮かべて（それがまったく違うものになる可能性は常にあります）絶望する時間を、他のことに割り振ってみてください。

回答を終えて

あーあ、仕事なんか全部うっちゃって、南の島（行ったことはありませんが、ボラボラ島とか）に逃避、ビーチチェアに寝そべって、小さな傘の刺さった毒々しい色のカクテル片手に、何も考えずにボーッとしたいなあ！　と思うことは週に1回くらいあります。でもよくよく考えてみると、小さな傘の刺さったカクテルが飲みたいわけでもないし、美しい自然の広がる南の島に行ってみたいのは確かですが、そこに行っただけで完全にリラックスできるかといえばそれも疑問で、かつ前提が「仕事をうっちゃっている」ということなので、たとえボラボラの浜辺でビーチチェアに寝そべって夕焼けを眺めるところまでは実現できたとしても、仕事をうっちゃってしまったことで失われた信用や人間関係やお金のことなどが気になって、リラックスすることなどできそうにありません。仕事をうっちゃらないでも、一生に一度くらいボラボラ島のビーチでのんびりできるようにしたいものです。

SATANIC ADVICE
THE SATANIST IS IN

Q 仕事へのフレッシュな気持ちをキープする方法はありますか？

質問者●「Y」さん

私はごく普通の会社員で、就業時間中は集中して、すごく真面目に仕事するのですが、会社から1歩出ると、仕事のことはすべてきれいに忘れて、プライベートを楽しみます。自分では、その切り替えの速さはすごくいいことだと思っていて、気に入ってます。でもヨシキさんのように好きなことを仕事にしていて、しかも自由業だと、仕事もプライベートも同じフィールドで、楽しいことも嫌なことも地続きで起きるでしょうから、モヤモヤしませんか？　仕事への気持ちをフレッシュにキープするコツがあったら教えてください。

A 一般社会と隔絶した場所などに行って「完全オフ」になることでリフレッシュします。

仕事とプライベートのオンオフがはっきりしているとのこと、率直に言って大変うらやましいです。ご質問にもあったように、ぼくのようにフリーで、しかも家で仕事をしていると、プライベートと仕事の線引きは実際ないに等しく、そのことでモヤモヤすることも当然あります。だから、それこそ「バーニングマン」（※）のように、一般社会と完全に隔絶された砂漠のど真ん中に行っているようなときや、あるいは仕事をなんとか全部やっつけて海外旅行に行っているときでもいいですが、そういうときが数少ない「完全オフ」のモードです（そういう機会をもっと増やしたいと思っています）。

※アメリカの砂漠で開催されるイベントのこと。参加者は会場内に一時的な「街」をつくり、1週間ほどそこで生活する。

また、なんでも仕事に結びついてしまう、というのは家で仕事をしていない時もそうで、印刷物を見ればそれがどんなものであれデザインや印刷の方法を考えてしまうし、映像を観ればどうやって作ったのか、何が問題なのか、それをどう書いたらいいのか、などと考えてしまう……ということが多々あります。でも、それが一概にストレスフルなものかというと、そうとも言い切れません。が、特に締め切りに追われていたりして、本当にキッキツの精神状態のときには、そういったあれこれが全部プレッシャーに思えてしまうこともまた事実です。息抜きにテレビゲームをしていても、映像表現が気になって分析的に観ている自分に気がつくこともあります。逆に、本当に面白い映画に出会えたときなどは、仕事を完全に忘れて物語にのめり込むことができるので（だからレビューするためにもう一度観る必要があったりします）、そういう作品にいつも助けられています。

そんな日常生活の中で息抜きというか、頭をカラッポにしてのんびりできるのは、やっぱり散歩や運動、あとは料理を作っているときなどです。単純作業をしているときはそれに集中できるし、料理や散歩や運動は仕事に直結しないので、楽しくやることができます。掃除をするのもまあまあ好きですが、これも同じ理由によるものです（と、この時点では書いていたんですが、その後ルンバを導入したら、すっかり掃除をルンバ任せにするようになってしまいました！）。何も考えずに身体を動かすことは、リフレッシュの観点からとても良いと思っています。あとは睡眠。

それと、ぼくはお酒も好きなので、というか、お酒の席が好きなので、週に数度は新宿ゴールデン街などに足を運び、そこで知り合いの人たちと楽しく飲んで話したりするのもいい息抜きになっています（なお、これは最近少し減らして、自宅で過ごす時間を増やすようにしています）。

あ、でも、確かに仕事がキツいときもあるんですが、文章を書いていたりデザインの仕事をしているときに、どんどん自分の中で盛り上がってきて一種の「仕事ハイ」のようになることもあり、そういうときは実際すごく「楽しい」し、目の前が開けたような気分になって、**仕事をすること自体がリフレッシュ効果をもたらしていることもある**ように思います。もちろん、そこまで楽しい状態になることは稀ですが、たまにそういうことがあると嬉しくなります。もしかすると、この「仕事ハイ」の快感があるからこそ、今のような仕事を続けているのかもしれませんね。

回答を終えて

「小さな秘密を教えよう。毎日一つ、自分にプレゼントするんだ。計画したり、待ってはダメ。偶然でないと。お店で見つけた新しいシャツでもいいし、オフィスでいっとき、うたた寝するのでもいい。あるいは熱くてうまいブラックコーヒーとかね」というのはドラマ『ツイン・ピークス』（１９９０年）でクーパー捜査官が言った台詞ですが、以前これを実行してみたところ、まったくうまくいきませんでした。というのも、何かしら見つけて「あっ欲しい！」とか「食べてみたい！」と思ったとき、通常なら「でも、もうちょっとよく考えてから買うことにするか」と思うところを、「自分に毎日一つプレゼント」という言い訳があるせいで、「じゃあいいか！」となんでも買ってしまい、あとでカードの請求書を見て気絶するからです。と、いうのはぼくの場合だけかもしれませんが、自分に甘くするのもほどほどにしないと、主に経済的に大変なことになるので剣呑《けんのん》です。

SATANIC ADVICE
THE SATANIST IS IN

Q お金とはどう付き合えば良いのでしょうか？

質問者●「T」さん

ずばり、ヨシキさんの金銭哲学を聞きたいです。今は景気が悪いので必要以上、金を使わずに貯金をした方が良いのかとついついセコくなってしまいます。細かいお金でセコセコしてる自分が嫌になります。お金とはどう付き合えば良いのでしょうか？　何かアドバイスをお願いします。

A お金との付き合い方はまったくわかりません！

金銭哲学、というようなものは全然ないです。と書くと、いい歳してみっともないと思われそうですが、実際お金に関しては、みっともないままやってきております。「稼ぎに追いつく貧乏なし」とか言えればカッコいいんでしょうが、いつでも綱渡りです。貯金も全然ありません（本当です）。ただ、お金の使いみちとしては、本やCD、DVDなどは、いつでも買っていいことにしています。そうしておかないと、欲しくなったときには絶版になっていて、どうしても手に入らない……ということになってしまうからです。

そういうわけで、お金との付き合い方はまったくわかりません！　また、ぼくは極端に幼稚なところがあって、**「貯金なんかしたって、明日交通事故で死んじゃうかもしれないじゃん！」**と、本当は明日交通事故で死ぬ予定などまったくないくせに、そういう子供じみた言い訳をしてしまいがちです。お金持ちを見れば見たで、**「棺桶の中までカネは持っていけないいんだからな！」**と負け惜しみを言ってみたりするし……。でも、よく考えてみたら、何もかもこっちの負けですよね、だって棺桶の中どころか、手持ちの金がそもそもないんだから。

１９８０年に作られた『Betty Boop For President（ベティさんの大統領選挙）』という映画があります（日本版ビデオの題名は『ベティ・ブープ The Movie』でした）。『ベティさんの大統領選挙』は、往年のベティ・ブープのアニメーションをトレース・彩色して、無理やり繋ぎ合わせて1本の映画にした作品です。その映画の中で、皿洗いをしていたベティさんがチャンスをつかんで、はじめて舞台に立ったときの歌「One Good Thing（貧乏だと得すること)」は、この映画版でしか聴けません。『ベティさんの大統領選挙』は、強引にストーリーを作るためにもともとのアニメーションの台詞や歌を改変しまくっているのですが(トレースしているので絵柄は一緒ですが)、そうやってあとから付け加えられた歌の一つがこの曲だからです。歌っているのはヴィクトリア・ドラージという人で(『ベティさんの大統領選挙』のベティ・ブープの声はすべてこの人)、彼女は1976年にサンフランシスコはモンゴメリー・プレイハウスで公演された舞台版『ロッキー・ホラー・ショー』に、コーラスとして参加もしていました。

『One Good Thing』の歌詞はこんな感じです。

貧乏でもいいことが一つある
それは這い上がるしかないってこと
威張りくさったブルドッグだって
最初はみんな子犬だったでしょう

私の財布はからっぽだけど
今より貧乏になることは不可能ね

貧乏でもいいことが一つある
それは這い上がるしかないってこと

お金がないってことは
所得税も払わなくていいってこと

お金があると　税務署につきまとわれて
うざいだけのこともある

みんな知ってるわ
「もっと、もっと」はきりがないって

貧乏でもいいことが一つある

『Betty Boop for President』の歌唱シーン

それは這い上がるしかないってこと

もう最高です。ぼくは大学時代から10年以上に渡って、本当にクッソ貧乏な日々を送っていた時期があって、当時は毎日安酒を飲み世を恨み金持ってそうな奴を恨み誰彼構わずブッ殺してやりたいと思っていたのですが、そんなとき、いつも心を支えてくれたのがこの歌でした（あと心の支えになっていたのは『タクシードライバー』〈1976年〉とか『ゾンビ』〈1978年〉とか、そういう素晴らしい映画の数々です。いや、まあ他にもいっぱいありますが）。そんな荒《すさ》んだ時代、『ベティさんの大統領選挙』のビデオの、この歌の部分を、文字通り擦り切れるほど観て「でもまあなんとかなるか」と思い直し、他人をブッ殺すのはやっぱり今度にしよう、と反省することを繰り返して今日に至るわけです。というわけで、ぼくの金銭哲学は、このベティさんの歌に集約されていると言っても過言ではありません。

回答を終えて

お金はまったくもってやっかいなものです。といって、この世に生きている以上、貨幣経済を否定できるわけもないのですが、そして、これがものすごくナイーブに聞こえることも承知していますが、お金というのは「何かと交換するためのもの」であるべきで、それ以上ではないとぼくは考えています。何か、というのはサービスや商品や労働力などです。ところが世の中には「お金はさらなるお金を買うためのもの」だと思っている人たちも多く存在し、彼らはお金……を示す数字をやりとりすることによって巨額の富を築いたりしています。ナイーブという以前に金融に疎いからかもしれませんが、たとえば利息のことを「資金調達コスト」と呼ぶような、おかしな言い換えがまかり通る世界は、どうにも理解しづらいし、そこには一種のうさんくささがつきまとっていると感じます。現世の喜びはもちろん最重要ですが、それがすべて金に還元できる、と考えるのは間違っているからです。

SATANIC
ADVICE
THE SATANIST
IS IN

Q 忙しいとき、時間をやりくりするコツを教えてください。

質問者●「メローバイオレット」さん

アートディレクターとしての本業以外にも、トークショー、ラジオ出演、映画鑑賞、メルマガなど、超多忙でいらっしゃるヨシキさんですが、普段一体どのように時間をやりくりされているのでしょうか。睡眠時間を削られているとか、仕事以外のこと（たとえば家事、育児、介護など）は一切しないとか、何かコツや秘訣がありましたら、教えてください。

A 時間のやりくりは「できていない！」というのが真実です。

よくぞ聞いてくださいました。時間のやりくりについてですが、何を隠そう「できていない！」というのが真相です。質問には「睡眠時間を削られているとか、仕事以外のこと（たとえば家事、育児、介護など）は一切しないとか、何かコツや秘訣がありましたら」とありましたので、そこにお答えします。

ぼくはわりと家事はやる方なんですが（掃除も嫌いじゃないし、炊事も結構好きです。ただ、超忙しいときはどっちも嫌いになります）、育児と介護は一切しておりません。なぜなら子供もいないし、介護するべき相手も自分以外に見当たらないからです。という風に考えると、それこそ育児や介護や家事に追われている方々に対して大変に申し訳ない気持ちになります。少なくとも、ぼくはそういう人たちが育児や介護に割《さ》かなくてはならない時間を使って映画を観たり、グータラしたりできているはずだからです。

前にお金のことを尋ねられたとき（P・80）にも「お金との付き合い方はまったくわかっていません」と書きましたが、時間に関してもぼくの場合、やっぱり同じことが言えるようです。**なんとか最終的に帳尻が合っていればいいか、と思っているのです**。でも、それでは本当はダメで、お金の帳尻は合わないし（昨日も税金を早く払えとかいう通知が来ていて凹《へこ》みました。もちろん凹んでいても事態は解決しないので、凹むのはすぐにやめにして、今はどうしたらその通知のことを考えないようにできるか新たな方法を模索中です。一番いいのはサッサと払ってしまうことなんでしょうが、そんな余裕があったら凹んだりしません）、時間の帳尻もうまく合わせることができません。幼稚で自己管理ができていないともいいます。目先の欲望（今すぐベッドで横になりたいとか、「ちょっとだけ」というつつ沢山ビールを飲みたいとか）にすぐ負けてしまうのが本当に良くない……ということには、これまでも薄々気づいてはいたんですが、それを改善しようという努力を四十余年に渡って怠ってきた結果、ご覧のようにだらしない、自己管理のできない人間が育ってしまったというわけです。まったく自分のことながら、責任者を呼びつけて怒鳴りつけたい気持ちでいっぱいです。ついでに金を返せと言いたい（自分に）。

でも、キューーキューーに忙しくても、それはそれで有り難《あがた》いことだと思っているのは本当です。メルマガだって自分で考えて始めたことだし、それを楽しみに待ってくださっている皆さんがいるということは本当に感謝しています。ここでいま一度ご質問に立ち返ると、正直に言って、忙しいときに一番削っているのは……外に出かけていって人と会ったりすること、ではないかと思います。食事や睡眠は削れるといっても限度があるし、なるべく睡眠はとりたいと思っているので（※）、そうなると外出を減らすのが一番の時間の節約になるからです。もちろん、これも良し悪しで、あまり家にこもっているとそれはそれで行き詰まってしまうので、なんとかごまかしごまかし、間を見ては外にも出かけるようにはしています。

※著者注：睡眠をなるべくとりたいと思っているのは、寝ないで仕事してると早死にするからです。水木《みずき》しげる先生もそうおっしゃっていたそうです。早死にしたくない、と書くと「そんなに命が惜しいのか！」と言われそうですが、若いときと違って今は結構命が大事になりました。なぜかといえば人間、生きている間しか生きていられないからです。まるで禅問答のようですが、死んでしまったら死んじゃいますからね。

回答を終えて

世の中には、なんでも計画して実行できる、意志の強い人が数多くいます。彼らは仕事と遊興に充《あ》てる時間配分をきっちりできるばかりか、短いサイクル（1日における時間配分）から長いサイクル（学業からインターンを経てプロフェッショナルになり、さらに事業を起こして発展させるなど）まで、完全に自分でコントロールしているそうです。文字通り「限られた時間を有効に使う」ことで、有意義でパワフルな人生を送る人たちです（アメリカ映画には、こういうエリートがよく登場します）。しかし、こういうのは意志の強さもさることながら、向き不向きも大きいと思います。計画性の高い人生でないと落ち着けない人もいれば、そういう生き方が息苦しいと感じる人もいます（ぼくは当然後者であり、行き当たりばったり組です）。（自分には決してできない）厳密な計画・実行のサイクルが性に合っている人をうらやましく思うこともあります。真似はできませんが。

SATANIC ADVICE
THE SATANIST IS IN

恋愛・人間関係編

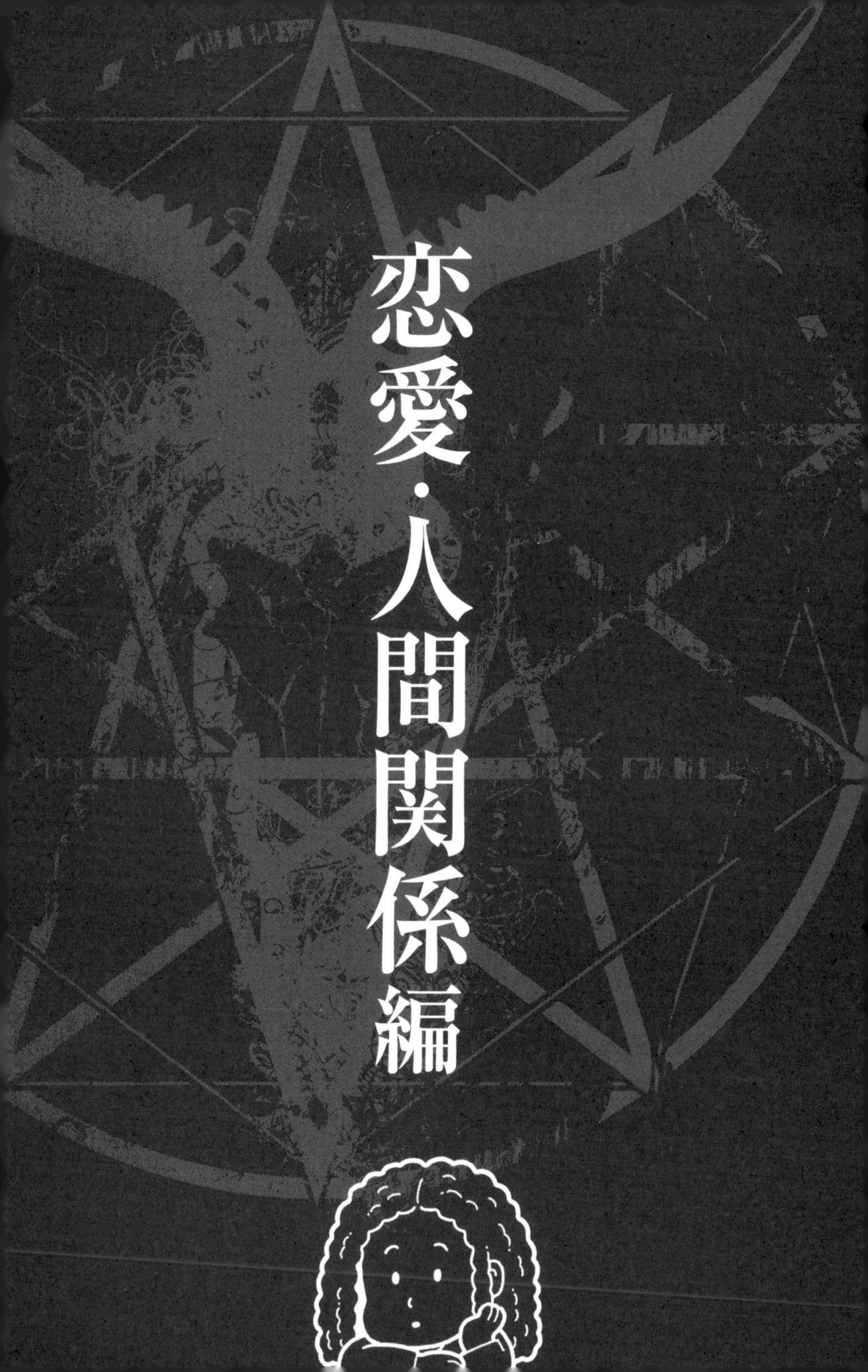

Q 友人を好きになってしまい、辛いです。

質問者●「ヤーブラカ」さん

ヨシキさんは以前、ＮＨＫラジオ『シネマストリップ』にて「見栄とか性欲に基づかない初恋は30代から」とおっしゃっていました。今、僕はその「見栄とか性欲には基づかない初恋」中です。４～５年近く付き合いのある友達集団の１人に、１年ほど前から恋愛感情を抱くようになりました。それ以来２人でたまに映画を観に行ったり、飲みに行ったりするようになりました。彼女の家に泊まったときも手を出すことなく、一緒に映画などを観ていました。ところが半年ほど前に僕が転職により関西から関東へ引っ越したため、２人で会う機会がグッと減りました。関東には知人がいないので２週間に１回くらいのタイミングで帰省しており、先月も１日中その子と遊んでいました。ただ、最近になって彼女は友達同士の集まりでも、「予定があって行けない」と、参加頻度《ひんど》が減ってきました。どうやら、仕事が超絶忙しいらしいのですが、「もしかしたら彼氏ができたのかも……」「彼氏候補とデート中なのかも……」などと勘ぐって、それを考えると仕事にも集中できなくなってしまいます。彼女は普段から恋愛には興味ないと言っていますが、ＬＩＮＥのグループなどでも、僕に対する反応がそっけない場合、妙な嫉妬心も生まれます。毎日こんな気分で、生きるのが本当に辛くなってしまっています。この気持ちをエポケーさせて、次に彼女に会ったときにナイスな感じで接したいのですが、何か良い方法はありますか？　僕は人を好きになりづらい性格で、今の子に対する感情を抱く前に恋愛したのは5～6年前くらい。「誰か新しい人を見つける」ことにも挑戦したのですが、うまくいきませんでした……。

A

想像や妄想に基づいて行動したり勘ぐったりしても、いいことはありません。よく考えて自分の納得のいく行動をとってみてください。

ラジオで言ったことは、半分実体験、半分一般論のつもりです。「トロフィー・ワイフ」とか「トロフィー・ガールフレンド」という言葉があるように（男女逆の場合や、同姓同士の場合でも同様）、いくつになっても他人に自慢するために恋人や配偶者を選ぶ人がいる、という残念な事実は、たとえばドナルド・トランプを見ればよくわかります。彼の奥さんやガールフレンドは全部「トロフィー・ワイフ／トロフィー・ガールフレンド」です。メディアや友人関係の影響で、「自慢できるモノ」として、他者を「所有すること」への渇望が加速することもあるでしょう。ぼくがラジオで言った「見栄に基づく恋愛」というのは、このように他者を「自慢するためのモノ」とみなす態度のことです。

「性欲に基づく恋愛」というのは、こういう考え方に比べれば別に悪くないような気もしますが、しかし10代20代の時分はホルモンの影響などで（適当に言っています）性欲が暴走しがちなので、いや、そんなことはないか、何歳になっても性欲が暴走することはありそうです。なのでこれは撤回します。お互いの同意があり、一緒に性欲を暴走させる楽しみを分かち合えるなら、それはそれでまったく悪いことではありません。性欲に引っ張られる形で恋愛が進行したって、それはそれで構わないはずです。性欲と恋愛感情を混同しがちなのも、別に若い世代に限った話ではないでしょう。相手を傷つけたり、自分の都合で無茶を押し付けたりしていないのであれば、性欲と恋愛感情がごっちゃになっていたとしても、特に問題視する必要はなさそうです。

さて、ご相談についてなんですが、相談者の方が恋に落ちているのは、これはもう明らかです。ぼくはこういう「胸が苦しい……」というような状況に耐えられない人間なので（忍耐心がないともいいます）、そういう感じになりそうな場合は、すぐに全部相手に伝えてしまいます。その結果、うまくいくときもあれば、全然ダメなときもありました。ただ、この方法を万人におすすめできるかといえば、ちょっと躊躇《ちゅうちょ》してしまうことも確かです。ダメならダメで、まあ縁がなかったんだな、仕方ないものは仕方ない、と割り切れればいいのですが、そうそう簡単に割り切れるものでもないと思うからです。思い詰めている場合は特にそうです。というか「恋愛＝思い詰めること」なのかもしれませんが……。

ただ、天秤《てんびん》にかけてみることはできます。つまり、「悶々とした状態が続くけれども、決定的に断られることは回避できる」という状況と、「はっきり決着はつくものの、必ずしも自分の希望どおりの結果が得られるとは限らない」のどちらをとるか、ということです。

性格にもよると思いますが、自分の場合を考えてみると、「どうやっても無理なものは無理」という一種の諸行無常感《しょぎょうむじょうかん》がどこかにあって、相手にその気がない場合、たとえ手練手管《てれんてくだ》を尽くして交際に持ち込んだとしても（大した手練手管を持ち合わせていないということは、この際おいておきます）、そういう関係は最終的に破綻《はたん》するのではないか？　どこかで無理が出てくるのではないか？　と不安になってしまう（そうやっても、うまくいくケースというのもどこかにあるのかもしれませんが）。

嫉妬心に関しては、なるべく自分が知っている事実のみに集中するのがいいと思います。そうすることが難しいのもわかりますが、想像や妄想に基づいて行動したり勘ぐったりしても、いいことはありません。想像をたくましくしたせいで余計に悶々とするぐらいなら、ストレートに自分の気持ちを伝えてみた方がいいこともあるでしょう。恋愛に限らず、「清水の舞台から飛び降りる」ような状況に直面したとき、ぼくは大体「でも、死ぬわけじゃないし」と思うようにしています。死ぬわけじゃなければ、たいていのことは大丈夫、と自分に言い聞かせるのです。今回のようなご相談の場合、結果に対して責任をとれるわけでもないので返答に窮してしまうということはありますが、やはり「（死ぬわけじゃないんだし）とりあえず正攻法でちゃんと相手に伝えてみたら？」というのが、ぼくの考える回答です。

話の通じない相手ではないのですから、コミュニケーションの一貫として、自分の思っていることを伝えてみたらどうでしょうか。コミュニケーションがきちんと成り立っていれば、たとえそこで恋愛としては終わってしまっても、違う形の人間関係が持続できる可能性があります。それと、「人を好きになりづらい性格」とおっしゃっていますが、これはたまたま今までそうだっただけで、今回のケースでもわかるとおり、**恋愛感情は強盗のように突然やってくるものですから、あまり自分で「自分は人を好きになりづらいのかも」と思い込まない方がいいと思います**。

ご相談の中にあった、友達集団の中での人間関係や彼女の性格など、いろんな事情や要因もあることと思います。そこも勘案《かんあん》した上で、先ほど述べたように、最終的には「天秤にかけて」、自分の納得のいく行動をとってみてください。**自分の選択で起こした自分の行動だ、ということがはっきりしていれば、結果のいかんにかかわらず、折り合いをつけやすくなるに決まっているからです**。ご健闘を。

回答を終えて

「トロフィー・ワイフ」や「トロフィー・ハズバンド」のような考え方をする人は洋の東西を問わず存在します。他人を「モノ化」する眼差しは、恐ろしく長い期間に渡って連綿と引き継がれてきたものであり、また、映画も含め、マスメディアが「ビューティフルな人々」の幻想を絶え間なく供給して渇望感を煽るようになって、その感覚はさらに増しました。どうにもやりきれない気持ちにさせられますが、といって、ではどうしたらそういうマインドセットから抜け出すことができるのか？　というのは、なかなか難しい問題です。それに、見栄えがいい人を好きになったら、それが即「トロフィー感覚」になるかといえば、そうとも限らないような気がします。人のことを、あたかも交換可能なアクセサリーか何かのように考える人というのが一定数いることは確かですが、普通の人はそこまで見栄の張り合いに終始しているわけではない、と思いたいものです。

SATANIC
ADVICE
THE SATANIST
IS IN

Q 名前も知らない女性に一目惚れしました。

質問者●「the wall」さん

大学生です。悩んでいることがあります。「気になる女の子とどうしたら話せるか？」です。その女の子の名前はわからないのでAさんとします。Aさんとの出会いから現在に至るまで、順を追って説明させていただきます。私とAさんとの出会いは3カ月前で、映画館でチケット販売をしている彼女に一目惚れしました。当然、Aさんのことが気になる私は彼女と話したくて仕方ありません。しかし、チケット販売の後ろには必ず他のスタッフが数名いるため、気軽に話しかけることができません。数日前、映画館に行ったときはたまたまAさんが1人だったので、話しかけることができました。この会話からAさんが大学生という事実を知ることができました。通っている大学は違いますが、学年は同じでした。学部学科はわかりません。

これ以来Aさんのいる映画館には行っていません。映画館とは別の場所でもっといろいろなことを話したいのですが、どうしたらいいのでしょうか？　再び映画館に行って話しかける方法もありますが、あちら側も仕事中なので長話は迷惑だと思っています。Aさんと唯一会える映画館にも迷惑をかけたくありません。客観的な視点も欲しく、友達にアドバイスをもらうと「知らねぇよ！」と「飲みか食事に誘えよ！」という意見に分かれました。食事などに誘うとしても、誘いの言葉が見つかりません。それとも、もう少し顔を覚えてもらう必要があるのでしょうか。この場合、どんな行動をとれば良いのでしょうか？よろしければヨシキさんの考えを教えてください。

A 相手の女性の立場や「自由」を慮《おもんばか》って慎重に行動するのが一番いいと思います。

努めて客観的にお答えすると、Aさんのことはいったん忘れるというか、「脇に置いておく」方がいいと思います。あまり色よい返事でなくて申し訳ないのですが、Aさんにとって質問者の方は「映画館に来てくれるお客さんの1人」でしかありません。ご質問には「Aさんとの出会い」とありましたが、それは厳密には「出会い」ではないわけです。

またご質問には「一目惚れ」とありましたが、「一目惚れ」がある意味、非常に危険な錯覚だということはよく考える必要があります。ぼくもかつては「一目惚れ」的な感覚を抱いたことがありますが、**「一目惚れ」というのは「相手について、外見以外ほとんど何も知らない状態で、想像をたくましくして、思い入れを自ら深めてしまう」という状況です。**

そういう「思い入れを自ら深めていくサイクル」は、そうしたサイクルそのものが「報われるべき何か」あるいは一種の「自己犠牲」であるかのような錯覚をもたらすことがあり、それはとても危険なことだと思います。なぜなら、その「思い入れを深めていくサイクル」は、「一目惚れ」の対象者からしてみれば、まったく理解も想像も及ばない場所で、当人不在のまま進行している「何か」でしかないからです。

「欲求不満の状態が『一目惚れ』を誘発しやすくする」と言う心理学者の人もいます。

メールを読む限り、質問者の方は一定の冷静さを保っておられると思うし、このようなケースにおいてそれはとても良いことだと思います。しかし、ぼくが気になったのは、たとえば「(一度少し会話をしたのち)これ以来Aさんのいる映画館には行っていません」というくだりです。先にも書いたように、Aさんにとって質問者の方は仕事中に応対すべき、大勢いるお客さんの1人ですから、あなたが映画館に来ているかどうか、ということをAさんが特に意識することはまずないだろうと思うからです。

一方、質問者の方はAさんを意識するあまり映画館に足を運びにくくなっているわけで、そこにはとても大きな意識の乖離《かいり》があります。「一目惚れ」に「思い入れを自ら深めていくサイクル」が合わさると、似たようなシチュエーション、つまり「相手が気になるので、相手と出会う公《おおやけ》の場所に行きづらいというような状況」についても、その責任を相手に投影してしまうようになる人も世の中には存在します（著者注：この点に関しては、のちに頂いたメールで、ぼくの読み間違いだったことがわかりました。頂いた訂正メールと、それに対するお返事は文末に掲載してあります）。

「思い入れを自ら深めていくサイクル」が危険なのは、自分の内面的な葛藤《かっとう》に、相手を巻き込んでしまうことがあるからです（たとえば、質問者の方がAさんを食事に誘ったとします。それをAさんが快諾《かいだく》してくれて、晴れて一緒にごはんを食べに行ったにもかかわらず、話がまったくはずまなかったり、あるいは価値観がまるで合わなかったり……という結果に終わる可能性はじゅうぶんあります。ところが、先行する「巻き込み」があると、失望の「責任」あるいは「原因」を相手に求めてしまうのです。しかし当然のことながら、その場合は「誤った期待」や「希望的観測」こそが問題で、相手にその責任を負わせることはできません)。

質問者のthe wallさんは「Aさんにも、Aさんの職場にも迷惑はかけたくない」と書いておられますが、それだったら映画館にはこれまでどおり普通に足を運び、これまでどおり良いお客さんとして振る舞うのがいいと思います。それを難しく感じたり、あるいはどうしてもぎこちなくなってしまいそうなときは、なぜそう感じるのか、自分が「思い入れを自ら深めていくサイクル」にはまっていないか、について考えていただきたいです。

「ちょっと声をかけたことからだんだん仲良くなり、それが親密な関係の構築に繋がる」ということはもちろんあり得ます。しかし、まったく相手にその気がない場合だってあるし、そこには常にthe wallさんの思い入れとは別の、Aさんの現実があるわけですから、Aさんのことを尊重するのであれば、想定と思い入れはいったん脇に置いておく方が、いずれにせよベストだと思います。

「それじゃあ、全然話が前に進まないじゃないか」と思われるかもしれませんが、「the wall」さんが進めたい「物語」をAさんは共有していないのですから、前に進まないでいいのです（逆に、「the wall」さんもAさんの「物語」を共有していないことは言うまでもありません。彼女はもしかしたら同性愛者かもしれないし、結婚している可能性だってあります。また、異性愛者で未婚だったとしても、それがすぐに「物語が共有できる可能性」に結びつくわけではない、ということはおわかりいただけると思います）。

なので、今回のご質問に関しては「よく行く映画館で働いている、素敵な女の人がいる（けれど、自分は彼女のことをまったく知らない）」というフラットな状態に一度気持ちを戻すことをおすすめします。「思い入れ」に基づいて、新たな関係性を「生じさせよう」とすると必ず無理が生じます（だから逆に、持続的な関係性を最初から求めず、「思い入れ」も抜きのいわゆる「ワン・ナイト・スタンド／一夜限りの関係」は成立するわけです。ただ、その場合も、今度は「一夜限りの関係」を元に自ら「生じさせた」関係性を相手に押し付けると、必ずといっていいほど失敗します。そういう実例は沢山見たことがあります）。

「よく行く映画館に、チャーミングな女の人が働いていて、見かけるとドキドキしてしま

う」というのは、それだけでも結構素敵なことではないでしょうか？ 双方向性こそが重要な局面において、「一目惚れ」は本当に成立するのか？　ということも考え合わせた上で、Aさんの立場、またAさんの「自由」を慮って行動するのが一番いいと思います。

■質問者「the wall」さんより訂正

【訂正】

少し誤解された部分もあったので訂正させていただきます。私の質問内容で「これ以来Aさんのいる映画館には行っていません」という箇所です。私はAさんを意識しすぎて映画館に足を運びにくくなっているわけではなく、単に観たい映画を上映していないので行っていないだけです。今は逆にAさんに会いたいがために、無理して観に行く映画をセレクトしているところでした。どちらにしろこの考えもやめ、普通に気になった映画を観に行きます。

【回答】

なるほど、そうだったんですね。ご相談内容からてっきり「映画館に勤めているAさんが気になるあまり、足を運びにくくなっている」のかと勘違いしてしまいました。謹《つつし》んでお詫びします。観たい映画をやっていない映画館に行かないのはまったく当然だと思います（もちろん、お目当ての映画目的で行った2本立てなどで、観るつもりのなかった併映作品に感銘を受ける、というケースはありますが、これは意図してできることではないので）。わざわざ丁寧《ていねい》な訂正のメールをありがとうございました。

回答を終えて

一目惚れというのはやっかいなもので、ぼくはかつて（1988年）、ソウル・オリンピックに出ていた、ルーマニアのとある体操選手に一種の一目惚れをしてしまったことがあります。といって、別に彼女と付き合いたいと思ったわけでもないんですが（だって、どう考えても実現する可能性が低すぎるので）、そのときは若気の至りで思わず大使館に電話して、ファンレターの送り先を尋ねてしまいました。そんなことをしたのは後にも先にもこのときだけですが、電話して驚いたのは、相手の声が聞き取れないほどザーザーと響く、どでかいノイズ音でした。あとから考えてわかったんですが、当時のルーマニアはチャウシェスク大統領の独裁政権下にあったので、大使館にかかってくる電話などもすべて盗聴されており、その盗聴器のノイズがうるさかったのです。結局、大した情報も教えてもらえず、ファンレターも送らずじまいでした。「独裁国家の電話は、ノイズがうるさい」というお話でした。

SATANIC
ADVICE
THE SATANIST
IS IN

Q 恋人や友達がいない（できない）ことに焦っています。

質問者●「コスケ」さん

20代の会社員です。一応、社会人というものになって3年ほど経つのですが、恋人や友達がいない（できない）ことに最近、戸惑いを感じることが多くなりました。学生時代は普通に友人も恋人もいたのですが……。社会人生活3年の間で、もうすでに生活サイクルが確立されて、朝起きて会社行って仕事をして帰って寝るという基本的なルーティンがあって、たまに出かけるといっても、1人で映画を観るか本屋に行くか好きなアーティストのライブに行くくらいで、外食も行き慣れて1人でサクッと終わらせられる所にしか行きません。旅行も1人です。1人でいることは苦ではないのですが、20代半ばも過ぎて友人や恋人もいないで、このまま同じ生活サイクルの中で人生が終わったらどうしようかと、ここ最近は1週間に1回ほど考えます。地元や学生時代の友達も、もう連絡先を知っている相手がいませんし、プライベートで誰かと遊びに行くとなっても1年に1～2回、前職の元同僚や現職場の同僚と飲みに行くぐらいです。そういった方たちと友人、恋愛関係に発展することはなく、仕事上の付き合いです。もっと飲み屋とかバーとかクラブとか（自分の出会いの場といって想像できる所）に遊びに出かけて、ガンガン赤の他人に声をかける……とかした方がいいのかなんて考えます。ヨシキさんはこういったことを思ったりしたことはありますか？　また友人関係、恋人関係において何か大事にしてることとかありますか？

A

遊びに行きたいのなら、誘いを待っていてはダメです。どんどん人を誘って、積極的に出かけるのがいいと思います。

飲みに行ったり遊びに行ったりしたいときは、誰かが誘ってくれるのを待っていては絶対にダメです。どんどん人を誘って、一緒にごはんや飲みに出かけるのがいいと思います。赤の他人にガンガン声をかける必要はないと思いますが、気楽に顔を出せる行きつけのお店を作って、そこで交友を深めるのもいいでしょう。**出会いというのは向こうからはやっ**

てこないので、ちょこちょこいろんな所に顔を出すのはいいことです。面倒くさかったり、雰囲気に馴染めなかったりしたらすぐに帰って、二度とそこには顔を出さなくていいわけですから（そういう割り切りも必要です）、まずは友人・知人を誘って遊びに出かけて、そのときに2軒目・3軒目をその友達や知人に紹介してもらうようにすると、自分1人だと行ったことのないお店にも入りやすくなるので良いと思います。行き慣れてない所に行くには、誰かに連れてってもらうのが一番で、ぼくはいつもそうしていますが、結果、そこが長く続く行きつけの店になった……なんてことも結構ありますよ。

回答を終えて

学生時代はともかく、社会人になって周囲の人が結婚し始め、さらに子供ができたりすると、以前は親しくしていた人と疎遠になってしまうことがままあります（逆もまた然《しか》りです。自分が結婚し、さらに子育てが始まったりする中で、それ以前の交友関係を維持するのはなかなか難しいことでしょう）。もちろん、そのような状況があっても、お互いの家を訪ねたり、会食する機会を意識して設けるなどすれば、付き合いをキープすることは比較的簡単です。ただ、人間関係というのは、自分の意思を超えて流動的なものなので、そのときどきで親しくする相手が変わるのは致し方ないことだと思います（大企業で、ずっと同じ同僚に囲まれている状態が続いている場合などは違うのかもしれませんが、それでも新入社員は入ってくるわけだし）。大切な友達とは疎遠にならないよう留意しつつ、人間関係は流動的なものだと考えて、流れに任せておくと気が楽でいいと思います。

SATANIC ADVICE
THE SATANIST IS IN

Q 友達が「自分は異星人だ」と思い込んでいます。

質問者●「サーモン大暮」さん

とても大切な友達が、スピリチュアリズムにはまってしまいました。その友達とLINEで連絡を取り合っていたところ、「何やら様子がおかしいなあ」と思い、電話で話を聞いてみました。それによると、どうやら、スピリチュアルなババアとたまたま出会い、ババアの話にいたく共感したらしく、なんやかんやで「自分が地球人ではない」という結論に至ったらしいです。話がちんぷんかんぷんだったので、あまり突っ込んだことは聞かなかったのですが、僕は率直な感想として「キモい」と述べてしまいました。すると彼女は泣き出してしまい「誰にもわかってもらえない」と言って、電話を切ってしまいました。切られたときは「あーあ、こいつやっべえなあ」とか呑気に思ってたのですが、大切な友達なのでやはりショックです。どうにかして彼女を救うことはできないでしょうか。彼女は20代前半です。若すぎるのが原因なのでしょうか。「普通の人(彼女いわく地球人)」の言いたいことはとても理解できるそうですが、その上で自分たち(異星人)のことは理解してもらえないと考えているようです。

A 事実だとしたら、人類史を揺るがす大事件です。専門家に依頼して対策チームを作るべきでしょう。

それこそ、天文学的に低い確率になってしまいますが、彼女が言っていることがすべて真実である可能性がゼロではない以上（1兆分の1もないと思いますが）、まずは彼女が宇宙人だった場合の対応を考えてみましょう。ひとくちに宇宙といっても超広いし、最近ではマルチバース理論といって、その超広い宇宙が、別の超超広い構造の一部で、その超超どでかい構造がさらに超超超超超沢山あるんじゃないか、という超面白い説が一般的になりつつあります。

我々の住む銀河系だって、マルチバース理論だとまるで砂の1粒以下のように思えますが、実際には超超超超超超でかいわけです。そこにどれだけの生命が存在するのか、今のところはまだわかっていませんが、そりゃあもうバリエーションに富んだ面白い生き物がいくらでもいるに決まっています。あ、地球以外の場所に生命が存在するであろうことについては、確率からいって間違いないとぼくは思っています（だから、ご相談の彼女が宇宙人である可能性もゼロではないと考えられるわけです）。

ご友人の女性は「異星人である自分たちのことは、地球人には理解してもらえない」と嘆いているそうですが、**地球人同士だって全然理解し合えてないのですから、これは贅沢《ぜいたく》な悩みだといっていいでしょう。**親子だって兄弟だって夫婦だって全然お互い分かり合えないことはいくらでもあります。それが宇宙人だったらなおさらのことです。しかしまあ、そこは百歩譲って、というか、我々はできれば宇宙人と出会いたいし、その際に相互理解とコミュニケーションが成り立つことを期待しているわけですから、まずは彼女がどういう特徴を持つ種族で、どのような文化的・生物的な背景があるかを理解する必要がありま す。『スター・トレック』シリーズを観ればわかりますが、たとえばクリンゴン人とフェレンギ人、あるいはヴァルカン人を相手にするときには、それぞれ違った応対が必要とされます。フェレンギに対するのと同じようにクリンゴンの相手をしたら即座に戦争になると思いますし、同じようなことはどの宇宙人についても起こり得ます。だから、それぞれの種族について、文化、歴史、生物的な特性などを理解することは常に重要です。

なので、彼女が本当に宇宙人である場合、その文化や歴史、食べ物の好みや外交儀礼などについて知る必要があるのですが、そのためには向こうに譲歩してもらう必要があります。何しろ、彼女が言っていることが本当だとすると、その種族は我々がはじめて出会う地球外知的生命体なのですから、これはもう人類史を揺るがす大事件です。コミュニケーションのつまづきから宇宙戦争に発展しては困るので、NASA……は無理でもJAXA（宇宙航空研究開発機構）に連絡をとって、どう対応したらいいか尋ね、同時に彼女（の種族）とのコミュニケーション全般も専門家の手に委《ゆだ》ねるのが得策だと思います。人類史上初となる知的エイリアンとの接触を、質問者の方が1人で背負い込むのは……いや、地球人の誰であれ、こんな重責を1人で担うことのできる人間はいません。専門家に連絡して対策チームを立ち上げるよう依頼するしかないと思います。彼女の種族について詳しいことは一切わかりませんが、どう低く見積もっても先方は恒星間航行ができるほどの文明を持っているわけですから、ファーストコンタクトの重要性については相手も理解してくれるのではないでしょうか（そうではない、好戦的な種族という可能性もありますが、早計は禁物なので、やはりここは専門家に委ねないとならないでしょう）。

しかし、最初にも書いたように、彼女が実際に未知のエイリアンである可能性は限りなく低いです。ご相談者の方が書かれているように、彼女はスピッているババアに言いくるめられて、自分にとっての現実を書き換えかけているところなのだと思います。質問には「彼女は20代前半です。若すぎるのが原因なのでしょうか」とありましたが、確かに年齢は関係あるかもしれません。人によって程度差はありますが、**20歳すぎくらいというのは「自分にとって都合のいいファンタジー世界（子供時代といってもいいです）」の限界に気づく年頃です**。別の言葉で言えば、「現実社会」という名の、みんなが共有している（あるいは、共有しているふりをしている）、よりつまらないファンタジーの世界を否応なしに受け入れることを余儀なくされるタイミングです。その「よりつまらない〈現実社会〉という名のファンタジー」への抵抗感が、彼女をして別のファンタジー、すなわち宇宙人幻想へと飛びつかせた可能性は高いと思います。

人間は自分のファンタジーに生きる自由があります。どんな勝手な妄想の中に生きようが、それは個人の勝手です。しかし、それに対して呆れ果てたり、爆笑したりするのもまた自由です。だって、おかしいんだから仕方ない。ただ、そういう独自のファンタジーがどこに由来するものか、ということについては注意する必要があります。今回の例でいえば、彼女はもともと、自分が宇宙人であるというようなファンタジーを持っていなかったわけです。そのファンタジーはスピっているババアがもたらしたものであって、その意味で彼女はそのババアのファンタジー世界を押し付けられている、あるいはババアのファンタジーに取り込まれていると言うことができます。これはよろしくありません。宗教とか国家とか貨幣制度といった幻想はすべて、複数の他者が共有する出来合いのファンタジーの押し付けでしかないのですが、こういった「強力なミーム」としてのファンタジーには必ずと言っていいほど、「それがもともと自分に備わった考えであるかのように錯覚させる力」があります。そんなのは本来、全部嘘っぱちなのでファックオフなのですが、ここでヤバいのは、そういう幻想を「もともと自分に備わった考えであるかのように錯覚」している人たちは、そのファンタジーをバカにされると、当然のごとく「自分がバカにされ、否定された」ように感じてしまい、どんどん意固地になってしまうことです。それもそれで面白いのですが、あまりからかうとこういう人たちはすぐに戦争や大虐殺を始める傾向が強いので、ほどほどにしておく必要があります。だから、ここで彼女を論理的に追い詰めてしまうのはあまり得策ではありません。**バカな宗教（=すべての宗教のことです）にハマっている人を下手に棄教させようとした結果、より信仰心を強めてしまうケースは非常に多いのです**（脱・宗教カウンセリングの専門家が存在する所以《ゆえん》です）。

質問の内容からは、くだんのスピリチュアルババアと彼女の間に金銭の授受があったかどうかわからないのですが、こういう場合は往々にして金銭の要求が遅かれ早かれ始まるのではないかと思います（もう始まっているかもしれません）。もしそうであれば、最も穏当な指摘として「支払った金額に見合う対価を受け取っているのかどうか」を聞くことはできるかもしれません。あるいは、その支払った金額で他に何ができたか、という話をするのでもいいです。

今書きながら思いつきましたが、ここはちょっと奮発《ふんぱつ》して、とても豪華なディナーに彼女を招待してみるのはどうでしょうか。すごくおいしいものを食べて楽しい気持ちになれば、彼女だって「地球もそんなに悪くないな」と思うはずです。もちろん、その席で「宇宙にはこんなうまいメシはないだろう」とか「君たちが普段食べているのはどうせ生のガーグ（クリンゴン人の大好物）なんだろう」とか言ってはいけません。

宗教とかスピリチュアリズムといったものは、必ず「現世への不満」を餌にしています

（一方でサタニストは現世を大事にして、いかに現世を楽しむかにかけています。なぜかといえば、現世は天国とかと違って本当にあるからです）。だから、現世の楽しさ、面白さ、愉快さをどしどし味わってもらうようにすれば、誰かが考えた愚にもつかないファンタジーの「見せかけの素晴らしさ」は消し飛んでしまいます。そうさせないために、多くの宗教では現世の楽しみを罪深いものや、はかないものとして否定させようとするのですが、実に悪質なやり口だと思います。おいしい食べ物や楽しい旅行、おいしいお酒、良いセックス、友人たちと過ごす楽しい時間といったものこそが、宗教その他のマンボ・ジャンボ（意味をなさないたわごとを英語でそう呼びます）に対する最大にして最良のカウンターだとぼくは信じています。ご相談の彼女は大切なご友人とのことですので、ここは友人のためにひと肌脱いで、彼女にとにかく楽しい思い、素敵な体験、豊かな時間を与えるようにしてみるのがいいと思います。即効性はないかもしれないし、事によってはそういう誘いそのものを断られてしまうかもしれませんが、たとえうまくいかなかったとしても、このやり方なら平和的だし、少なくとも質問者の方もおいしいごはんを食べることはできるわけですから、そこから始めてみてはいかがでしょうか？

回答を終えて

地球外の場所に生命が見つかる可能性は、技術の進歩によって年々高まっています。それが地球のものと同じ生命だとしても、そうでないとしても、もし実際になんらかの生命が発見されたら、どんなに面白いことでしょうか（地球のものと同じ生命だとして、というのは、地球の生命も宇宙からやってきた可能性が否定しきれないからです）。ヴァルカン人のように高度に発達した知的生命体が地球を訪れてくれるに越したことはありませんが、細菌のようなものでも、あるいはクマムシのようなものでも、もし見つかったら本当に最高だと思います（『スター・トレック』の最新シリーズ、『スター・トレック／ディスカバリー』〈2017年〉には宇宙クマムシが登場しました）。どこかの惑星から、何万年も前に発信された電波信号が届くのでも構いません（その場合、発信元の文明は滅んでいるかもしれませんが）。ぼくが生きている間に、そういう発見があることを心より願っています。

SATANIC ADVICE
THE SATANIST IS IN

Q 落ち込んでいる人への上手な接し方はありますか？

質問者●「バトル少年カズヤ（20代）さん」

私の母は3年前にがん摘出手術を行っているのですが、先日、定期検診を受けたところ転移が見つかりました。母も父もかなり気落ちしているようで、自分は努めていつもどおりに接しようとは思うのですが、どうもぎこちなくなってしまいます。自分自身、ふとした瞬間に嫌なイメージが思い浮かんで「この3年でもっとああしていれば、こうしていれば」と想像して気持ちが沈みがちになっております。そこで、落ち込んでいる人への接し方をアドバイスいただけますでしょうか？　また、あらがいがたい死への恐怖をいっときでも忘れさせてくれる映画がありましたら、お願いいたします。

A なんらかのイベントを発生させることで「非・日常」の場をつくるのがいいでしょう。

誰しも、どうしようもなく気分がふさいでしまうことはありますが、それをどうやって解消するか、というのは難しい問題です。そういうときは思考がデフレスパイラルを起こしているので、「楽しいことや、明るいことを考えよう」といくら思っても、気持ちを切り替えることができないものです。無理やりなんとかする方法としてはアルコールやドラッグといったものが考えられますが、想像するまでもなく、そういう向精神作用のある物質に頼って事態を打開しようとすると望ましくない結果を招きがちで、最悪の場合、死んでしまったりもします。

身も蓋もないことを言ってしまうと、気分転換にいいのは、おいしいごはんと旅行だと思います。おいしいものを食べながら、不機嫌で居続けることは至難の業です（もし、そんな人がいたら、少しどうかしていると思います）。なので、ちょっとした外食に出かけてみるのは、イベント性もあるし、いいんじゃないかと思います。

ところでこの質問コーナーでは、深刻なお話になるたびに「とにかくおいしいものを食べに行け！」と、北方謙三《きたかたけんぞう》先生の人生相談『試みの地平線』（講談社文庫）のようになってしまっているのですが（『試みの地平線』は「まずはソープに行け！」という回答で有名でした）、正直、おいしい食事ほど、いろんな局面で有効に精神に作用するものはなかなかないと思っています。味覚が刺激されることで、脳の別の部分が活発になるということもある……のかどうか、専門家ではないのでわかりませんが、**「おいしい＝うれしい」という回路は誰にでも備わっていると思うので、おいしいごはんは絶対に有効です。**

旅行は旅行で、普段と異なる環境に身を置くことで、脳の別の部分が活発になる……のかどうかはこれまたわかりませんが、日々の生活で得られない刺激があることで元気になるということはあるはずです。１泊２日の小旅行でも大丈夫です。気分がふさいでいるときというのは、心が倦《う》んでしまって、毎日の生活が無意味な繰り返しに思えてきたり、それの延長として人生そのものが無意味に思えてしまったりするわけですから、無意味な繰り返しではないイベントを強引に起こすことで、新たな刺激を受けることが重要だと思います。

それにしても、落ち込んでいる人にどう接するか、というのは難しい問題です。あまり腫れ物に触るようにするのもわざとらしいというか、逆に相手を追い込んでしまうような気もするし、といって、あくまで普段どおりに振る舞うのも、それはそれで無神経な気もするし、と考えると、身動きがとれなくなってしまうからです。なので、やはりなんらかのイベントを発生させることで「非・日常」の場をつくるのがいいでしょう。なぜかというと、「非・日常」であるがゆえに、落ち込んでいる人も、その相手も、マインドセットを「非・日常」に切り替えて、別の次元（とまで言うとちょっと大げさですが）で対話ができる可能性があるからです。「いつもどおり」にしなくてもいい「いつもと違う場」を設けることで、多少なりとも感覚をリセットすることができると思います。

最後になりましたが、「死への恐怖を忘れさせてくれる映画」というのも、これまた難問ですね。なぜって、死を強烈に意識しているときは、たとえコメディを観てもミュージカルを観ても、どれも「から騒ぎ」に見えてしまい、結果としてますます死を意識するようになってしまうものだからです。だったらいっそ、死をメインの主題にしつつ、コメディとして描いた作品を観るのがいいかもしれません。『ビートルジュース』（1988年）がその筆頭ですが、『ビルとテッドの地獄旅行』（1991年）、『モンティ・パイソン／人生狂騒曲』（1983年）、『サウスパーク／無修正映画版』（1999年）、『リトル★ニッキー』（2000年）などなど……こうした映画にはマンガ的な表現の天国や地獄が出てきますが、さも当然のようにそんな死後の世界が描かれている作品を観ると、死というものにつきものの深刻さが軽減するような気がします。また、こういう映画の登場人物たちは、いとも気軽にこの世と死後の世界を行ったり来たりしてくれるのもいいところだと思います。

回答を終えて

回答では、何かにつけて「おいしいものを食べるといいでしょう」ばかり言っていますが、ぼくは別にグルメでも食道楽でもありません。高級レストランは敷居が高いし、そもそもどんな店があるのかよく知らないので、いつもはほとんど、決まった店にしか足を運びません（人に誘われて、知らないお店に連れて行ってもらうことがたまにあって、そういうときは「いろんな良いお店をよく知っているなあ」と感心してしまいます）。もっとグルメサイトとかを見て探せばいいんでしょうが、そういうところが変に無精なので、結局いつもの店で同じものを食べてしまうのです。ただ、旅行に出かけたときなどは、少し奮発して、普段あまり入らないようなところに行ってみたりしています。あと、静かで居心地が良く、値段もリーズナブルで「いいな」と思っているお店に限って、すぐ潰れてしまうのは（理屈に合っているとはいえ）残念でなりません。そういうことはよくあります。

SATANIC
ADVICE
THE SATANIST
IS IN

Q 上司に政治の話をふっかけられるのが嫌です。

質問者●「小僧」さん

私の上司は、仕事中に雑談で政治の話をよくする人なのですが、わりと反政府的な意見の持ち主です。私は恥ずかしながら政治の話には疎《うと》いので、相槌を打つのみですが、最近話の流れで、私の実家がとっている新聞社名を言ったところ、「信じられない」という顔をされました。私は知らなかったのですが、政府寄りの新聞社とされているようで、それ以来、人の家族を政府の手先のように見てきます。私は新聞をほとんど読みませんし、特に両親に思想を教え込まれた記憶もありません。もし教え込まれてたらケンカになったでしょうに。自分のあずかり知らぬ理由で卑下《ひげ》されたり軽蔑されたりすると、こんな気持ちになるのか……と、自分には新感覚で、ある意味感動すら覚えましたが、やはり腹立たしさが上回ります。不快な政治の話題をふっかけられる日々で、私が悩んでいるのは自分がどう反応すべきなのかわからない、ということです。政治に関して無知だから言われ放題になるのか？　しかし政治の知識を得たところで、果たして議論になるのか？　そもそも職場で議論をする必要があるのか？　そもそも政治に無関心では良くない、という罪悪感は持っているのですが、もうとにかくうるせえ！　という気持ちしか今はありません。無関心どころか耳をふさぎたい心持ちです。ヨシキさんは政治議論をふっかけられたら、どう反応しますか？

A 相手をすればするほど餌を与えるのと同じことです。逃げてしまいましょう！

親が購読している新聞の銘柄で人格を判断されては、たまったものではありませんね。ご質問にもありましたが、「自分のあずかり知らぬことで、卑下されたり軽蔑されたりする」というのは、政治信条がどうのこうの言う前に、差別の対象になっているということです。その人個人の性質より前に、その人が属している（と、勝手に思っている）集団を見て、そこに対して上司の人は突っかかってきているわけですが、そういう構造を一般に差別といいます。

加えて、この上司の人はおそらく正義感というか義憤に駆られているのでしょう、彼（あるいは彼女）には「自分の方が圧倒的に正しい」という確信があるので、より言葉が激しく、言い方がきつくなっているということが確実にあると思います。もちろん、今の世の中や政治のあり方について怒りを覚えるのは個人の自由です。ですが、それを質問者の方にぶつけることで、どういう風に状況が改善するというのでしょうか。義憤に基づいた怒りを職場で部下にぶつけることで事態が打開するはずがないのにそういうことをするのは、その人がやり場のない怒りのはけ口を求めているからです。

質問者の方は自分が政治に無知だったり、無関心だったりするから余計に言われるのではないかと悩んでおられますが、ぼくは政治について無関心だって、別にいいと思っています。**政治に詳しいことなどより、他人に対してナイスな人間であることの方が、ずっと重要だと思っているからです。**逆に、いくら政治に詳しくて議論が上手でも、他者に対する優しさとか思いやり、ナイスさがない奴は最悪だと思います。もちろん、職場で政治の議論をする必要などは、それが業務に直結しているのでもない限り、ありません（職場が党本部とかいうなら話は別でしょうが）。

今回の場合、質問者の方は、非常に運の悪いことに、大口開けて待ち構えていた蟻地獄に（蟻地獄の場合「大口開けて待ち構えていた」という言い回しが適切かどうか知りませんが）、無防備に入っていってしまった感じに思えます。これは無防備なのが悪いと言っているのではなくて、まさかそこが蟻地獄だとは知らずに、上司のことを普通の人間だと思って返事をしてしまった、という意味です。

ぼくはこの上司の人のようなタイプは、かなり危険ではないかと思います。なぜかというと、彼らの原動力が「義憤」とか「正義」にあるからです。そういう人たちは

①人の話を聞く耳を持たない

②意見が違う相手に対して残酷になることを厭《いと》わない

という特徴があります。さらに悪いことに、そういう人たちは得てして、

③自分こそが最大の被害者だと思っている

のですが（上司の人もそうだと思います）、この3つが組み合わさると、いとも簡単に人は大虐殺や拷問に手を染めてしまうものだ、ということは歴史が証明しています。

ぼくはあまり政治議論をふっかけられることはありませんが、それでもたまに飲み屋な

どでそういう話になることがあります。たいていは、雲行きが怪しいなと思ったら帰ってしまいますが、しばらく付き合わざるを得ないことも稀にあります。そういうときはなるべく、相手がどうしてそう思うのか、その根拠を聞くようにしています。で、なぜそのような考え方に至ったのか、また、別の考え方もあり得るかもしれない、という可能性を打ち消す理由はなんなのか尋ねます。そうやって聞いたときの返事の仕方で、相手がだいたいどういう感じの人物かよくわかるからです。質問に対して、ちゃんと自分で考えた上で、筋道を立てて説明してくれようとする人であれば、どれほど意見が自分と食い違っていても、楽しく会話を続けることができます。なぜ、どうして、どのようにして、という論理を考えることのできる人は、相手の意見が違っても、その意見の背後に自分と同じく論理があることを理解できるし、その上で違う意見なのだということを（たとえ不本意であっても）認めることができるからです。

逆に、そうやって聞いていくと怒り出す人や、あるいは理屈をすっ飛ばして頭ごなしに自説をとうとうと述べる人の場合は、何を話しても結局無駄なので、それこそサッサと帰ることにしています。彼らは自分の意見や「正しさ」を怒鳴り散らかしたいだけだからです。たとえ、言っていることが「いいこと」であっても、その理由や筋道について考え直したり説明したりできない人間とコミュニケーションをとるのは至難の業です。なぜなら、彼らが求めているのはコミュニケーションではなく、「どこまでも正しい俺」を「どこまでも尊敬しろ」、なぜなら「俺はどこまでも正しいから」という、地獄のトートロジーだからです。

これが適切な助言かわかりませんが、

上司の人には、

①自分は親ではない

②親が購読している新聞は親が選んだもので、自分が選んだものではない。親を選んで生まれてくることは無理である

③自分で選ぶことが原理的に不可能な、親のとっていた新聞の銘柄に基づいて自分の思想を判断されるのは不愉快である

と伝えるしかないように思います。政治の話が苦手だということは、あまり言わない方が良いと思います。そう言うと「そういう考え方がそもそも間違っている！」などと突っかかってくるのが目に見えているからです。「政治について思っていることはありますが、それをあなたに伝えようとも思わないし、わかってもらおうとも思わない。内心の自由やプライバシーというものをあなたは否定するのか」ぐらいは言ってもいいかもしれません。自分にとって政治の話はプライバシーの領域に属するので、職場で話そうとは思わないし、それを尊重してもらいたい」と。しかしそう言っても、最悪の場合、今度は「プライバシーや内心の自由を抑圧しているのはお前らの方ではないか」などと食い下がってくる可能性がありますが、もうそうなったらお手上げです。**いや、この段落で書いたことは、やっぱり忘れてください。**こんなことを言っても無駄だと思います。

……ということは、やっぱりこれ以上相手にしないのが最善の策ではないでしょうか。これは政治信条の問題ではありません。人格の問題だと思います。この上司が、他人に攻撃的で自分の正しさを疑わない、夜郎自大《やろうじだい》なタイプであることが最大の問題なわけです。職場なので難しいかもしれませんが、できるだけ距離を置いて、変な話をふっかけられたら携帯に出るふりなどをして逃げてしまうのが勝ちです。あるいは、あまりにひどかったら、存在するかわかりませんが社内の相談窓口だとか、別の上司（その上司より上の人間）などに、業務に支障をきたすという理由でなんらかのヘルプを求めるのもいいかもしれません。相手をすればするほど餌を与えるのと同じことです。**逃げてしまいましょう！**

回答を終えて

人をコテンパンに論破してやりたい！　できれば泣かせてしまいたい！　という非常にいびつで不健康な欲望について、実のところ、ぼくはまったく人のことを悪く言えません。なぜかというと、そういうろくでもない、下衆《げす》い気持ちであることないことをギャンギャン言い立てて、相手を心底うんざりさせてしまった経験がいくらでもあるからです。これに限らず、以前の自分の言動や行動を思い返すと、まったくもって許しがたいことばかりで、いったい何を考えていたんだ、このバカ！　と自分を怒鳴りつけてやりたい気持ちでいっぱいになるのですが、あんまり叱ると相手が自分なだけにちょっと可哀想でもあり、まあ反省もしてることだし、今日のところは許しておいてやるか……と、独り相撲ならぬ独り堪忍《かんにん》をしたりしています。ただ、反省は大事ですが、罪悪感を一生懸命育ててしまうと、それはそれで不健康な精神状態になってしまうので、そこは気をつけたいところでもあります。

SATANIC
ADVICE
THE SATANIST
IS IN

Q ゴダール映画好きな人とのうまい付き合い方を教えてください。

質問者●「リクタス」さん

僕は学生なのですが、大学に入ってから急に周りの人たちが、スプラッタやゾンビといったあらゆるジャンル映画には一切目もくれず、ゴダール映画の話ばかりしていて、なぜだか悲しい気持ちになります。ゴダール映画を否定しているわけではありませんが、このモヤモヤした気持ちを発散するために『ブレインデッド』(1992年)などを観る毎日で、さらに彼らとの距離が開く一方です。ゴダール映画は『アルファヴィル』(1965年)などを観ましたが、なんとなくいいなと思うくらいで、あまり良さがわかりません。そこでヨシキさんにゴダールの楽しみ方、ないしは彼らとの接し方についてご教示いただきたいです!

A 「君たちも『ゾンビ』ぐらいは観ておいてよ」と言ってみてはどうでしょうか。

ぼくは大学に入ったとき、ひと月ぐらいだけ映研というものに所属していたことがあるのですが、そこの先輩の多くがまさにそんな感じでした（そうでない人もいましたが）。というか、**ゴダールでもタルコフスキーでもいいんですが、観たくなったとき、興味が湧いたときに観れば良いではないですか。**

もちろん逆に、興味がなかったジャンルや監督の映画であっても、何本か観ているうちに「あれ、結構こういうのも面白いかも」と思えてくることもありますから、一概に「興味がないなら観なくていい」と言うつもりもありません。しかし、言いたい人には言わせておけばいいんです。そういうのはきっと、ぼくが大学生だった頃とか、それ以前から変わらない大学の風景なんだと思います。

ただ、今は昔と違って2本立てを上映している二番館も少ないし、またテレビで変わった映画を観る機会（それこそゴダールとかタルコフスキーを、CMなしで夜中に地上波で放送していた時代もありました）もないと思うので、「なんだよ、またゴダールかよ」と思っても、たまには付き合いのつもりでちょっと観てみたらどうでしょう。ついでに相手にも「こっちも付き合ってんだから、君たちも『ゾンビ』（1978年）ぐらい観ておいてよ」

と言ってみては？　それでも絶対『ゾンビ』なんか観ない！　と言われたら絶交することを考えてもいいかもしれません。**『ゾンビ』の良さがわからない人には、もう何を言っても無駄に決まっているからです。**

回答を終えて

対象がなんであれ、好き嫌いや向き不向きがあるのは当然のことなので、たとえばヌーヴェルヴァーグのフランス映画が大好きだけど、アメリカのスプラッター映画なんかてんでお呼びじゃないし、観たくもない！　という人がいるのは至極当然のことです。それは、他人がとやかく言うことではありません。大学生がゴダールに夢中になっている、という状況も、本文にも書いたとおり、まったく目新しいものでなく、むしろ「いまだにそういう雰囲気が連綿と続いているのか……」と、軽くめまいを覚えるほどですが、それもそれで仕方がない。それは、大学1年目の夏休みを終えた新学期、それまで見るからに野暮ったかった学生諸君（性別問わず）の一部が、なぜか突然垢抜けたシティボーイ（風）、シティガール（風）になって颯爽《さっそう》と姿を現すのに似た、永遠に繰り返される大学特有の風物詩とでもいうべきものなので、むしろ、しっかり目に焼き付けておいた方がいいかもしれません。

SATANIC ADVICE
THE SATANIST IS IN

生活・健康編

Q SNSに依存してしまいます。

質問者●「ダーヤマ」さん

Twitterや Facebookは、世界中のさまざまな人々とコミュニケーションがとれる便利なものだと思います。僕はTwitterのアカウントを持っていますが、コミュニケーションツールとして使用している感覚はなく、ブログ感覚で日々思ったことを呟いています。しかし自分が面白いと思ったツイートにフォロワーからの反応がないとガッカリして、「もっと面白いツイートをしなければ」という気持ちになってしまいます。自分でもTwitterに依存しているという自覚がありますし、常に他人の目を気にする自己顕示欲の強い自分が大嫌いです。それならばTwitterなんかやめてしまえばいいのですが、やはり便利な面もあり、さまざまな情報の収集に役立っています。ＳＮＳをやめることによって遠方の友人との繋がりが薄くなってしまうのでは……（完全に途切れるとまでは思いませんが）と思います。ヨシキさんはＳＮＳに対してどのように考えていますか？

A SNSの利便性と自分のストレス度を天秤にかけてみましょう。

ぼくも大概、というか自分でも嫌になるくらい自意識過剰なところがあります。だから、人目が気になるかならないかと言ったら、それはネット／日常を問わず、気になる場面は多々あります。しかし一方で、「考えても仕方のないことは考えない」ように、意識して持っていくようにはしています。たとえば、どこかの誰か（知らない人）が、ぼくのFacebookの投稿を見て（ぼくはTwitterはやっていませんがFacebookはやっています）どう思ったか、ということは、その相手がコメントするなり「いいね！」するなりしないとわからないわけですよね。また「いいね！」ボタンを押したからといって、ほんとにそう思っているのかどうか、こっちは知りようがありません。なので、**どこかの誰かの、ぼくが知りようがない気持ちや考えについて、「こうかもしれない、ああかもしれない」と想像することはしないようにしています。**また、誰かが自分の投稿なり考え方なりを面白いと思ってくれるかどうか、というのはこちらの努力でなんとかなるものではないので（※）、それについても考えないというか、無理なものは無理なのだから、それぞれの人にそれぞれの考えがあるのだろう、くらいに考えることにしています。

※著者注：ぼくは仕事で文章を書くので、そのときは極力面白いものにしたいと思って努力しています。ただ、それにもおのずと限界があって、万人が面白いと思うようなものなど、この世にないのですから、こちらとしては「自分ができる範囲で、自分や信頼のおける編集者、または友人などが面白いと思えるもの」を作るよう努力することしかできないわけです。最善を尽くしてはいますが、といって、それが誰にも彼にもウケるはずだ、とは期待しない、と言えばわかりやすいかもしれません。だって、それは読んだ人が勝手に判断することだし、人の価値判断やテイストの基準はそれぞれ違うので、そこをなんとかしようとしても無理なものは無理ということです。

それに、たとえばTwitterで反応がなかったとしても、それは相手が急死したからかもしれないし、突如として文盲《もんもう》になってしまったのかもしれないし、いきなり人格が変貌して、前には面白いと思えたことが急に面白く思えなくなってしまったのかもしれないではないですか。ありそうもない例ばかりで恐縮ですが、しかし、どんな可能性だってある以上、姿形の見えない（もっと言えば生きているかどうかもわからない）相手の反応に一喜《いっき》一憂《いちゆう》していたら、神経をすり減らしてしまうと思います。

ぼくは神経をすり減らすこと、すなわちストレスというものはなるべく少なければ少ないほどいいと思っているので、自分ができる範囲で低減できそうなストレスはなるべく減らすようにしています（だからTwitterもやりません）。そこで、質問者の方には、いったんTwitterの利便性と自分のストレス度を天秤にかけて考えてみることをおすすめします。そして、状況に応じてTwitterの使い方を変えるか、あるいはやめてしまってもいいのではないかと思います。使い方を変えるというのは、書く内容を変えることでもいいですし（簡単な日記代わりにしてしまって、自分の備忘録だと思うようにするのも一つの手です）、あるいは考え方を変えて「Twitter」本来の意味のように、これは「さえずり」なのだから、勝手に俺はさえずるぞ！　誰が聴いていようがいまいがだ！　と開き直ってしまうというのもいいでしょう。Twitterを見る回数を、意識して減らすのもいいかもしれないですよ。Twitterを見たくなったら本を読むとか、そういう習慣をつけるという方法もあります。

質問者の方は「ブログ感覚で日々思ったことを呟いて」おられるとのことですが、だったらいっそブログに移行してしまってはいかがでしょう？　移行しないまでも、Twitter

に書いているのはブログの下書きだと考えて、それを1日ぶんずつまとめて別のブログに転載しても良いかもしれません。そうすれば、Twitterの方で反応が薄くても「別に下書きに反応がなくてもいいいや」と割り切りやすくなります。Twitterの空間には「閉じていて、しかし広い」という感覚があると思いますが、「繋がっている」範囲も含め、そこにはやはり閉塞感があるとぼくは思っていて（これは他のSNSでもそうです）、閉塞感から来るストレスを打破するには閉塞した場所に身をあまり置かないか、あるいは別の場所にもっと頻繁《ひんぱん》にアクセスすること（ネット内でもネット外でも）以外にはないように思います。閉塞した場所にドップリだと、疲れやストレスも溜まると思うので（これは自戒を込めて言っています。思えばmixiにもMySpaceにもFacebookにもかなりドップリだったので）、**少し休息や距離をとって、「別の場所にアクセス」するのを増やすことをおすすめします。**「閉塞にドップリ」は経験から言っても、やはり精神衛生上あまり良くないと思うからです。

回答を終えて

SNSに中毒性があることは確かで、ぼくもだいたい2分に1回はFacebookを見て日々を過ごしています。というのは言い過ぎですが、かつてTwitterをやめたのは、まさに「2分に1回」のペースでチェックするようになってしまいそうだったこともおおいに影響しています。インターネット、特にSNSは「自分が知らない所でいろんな話題がどんどん進行し、取り残されてしまうのではないか」と思わせる強迫性があり、また、他人と直接やりとりができるせいで「（自分が他人の動向を気にしてしまうように）他人も自分の動向を気にしているに違いない」という、誤っている上に有害でもある、自意識過剰な精神状態をもたらしてしまう……というようなことは今さら指摘するまでもないことですが（さんざん言われてきたことだし）、リアルでもネットでも、コミュニケーションの場と関わるかどうかは自分の快・不快に基づいて決めるのが一番いいと思います。

SATANIC ADVICE
THE SATANIST IS IN

Q 学生時代の勉強って役に立つんですか？

質問者●「天然パーマ」さん

ヨシキさんは学生時代、勉強は好きでしたか？　得意な科目、嫌いな科目などあったら教えてください。また、学生時代の勉強が今役立っていると実感することはありますか？　学問について語っていただけたら嬉しいです。

A 学生時代に勉強して役に立っていることは沢山あります。

勉強は好きでしたが、中学・高校時代のいわゆる「詰め込み教育」といいますか、歴史の年号を覚えろとか、百人一首を覚えろとか（百人一首のテストは全部カンニングしました）、あるいはとにかく解法や答えを丸暗記するような「勉強」は大の苦手でした。「何年に誰々がナントカという書物を書きました」とかいうことを覚えるのが馬鹿馬鹿しく思えて仕方がなかったのはよく覚えています。そのナントカという書物がどういうもので、それがどうして今なお重要視されているのか、ということを知りたいのに、中学や高校ではそういうことを全然教えてくれないのでストレスが溜まりました。これはわりと普通の反応なのではないかと思います。**ちゃんとした理由がなければ、いくら歴史上の重大事であってもただの無意味な文字列としか思えないわけですから、そういうものを大量に覚えろというのはほとんど拷問です。**

学生時代に勉強したことで役に立っていることは沢山あります。まず語学がそうだし、それからこれは大学に入ってからですが、なんでもできるだけ原典にあたって調べる癖がついたこととか、とにかく何もかも疑ってみる癖がついたこととかです。あとはなんだろう……いや、やっぱり、その2つが特に重要なことのような気がします。

それと、**勉強のいいところは「大昔から現在に至るまで、世の中にはとんでもなく頭のいい人が沢山いた！」という嬉しい事実に気づけるところだと思います**（もちろん、知らないことを知ったり、今までわからなかったことが理解できるようになる、という、勉強が持つ根源的な喜びは当然として）。

同じ人間とは思えないような、超々頭のいい人たちが、かつて、そして現在も沢山いて、そういう人たちが次々と面白い考えを世の中にもたらしてくれているというのはとっても頼もしいことです。政治家や官僚のニュースなどを観ていると「バ、バカすぎる！　なんてひどい連中なんだ！　早く死ねばいいのに！　できれば5分以内に！」と思うことがしょっちゅうですが、そういうときにも歴史上の（あるいは現存の）超頭のいい人たちのことを考えたり、彼らの書物を読んだりすることで、だいぶ心が落ち着きます。

どうでもいい言い争いに終始している人がいる一方で、たとえば宇宙の成り立ちについて日々考えている人もいるのだなあ、と思うと（言うまでもありませんが、宇宙の成り立ちについて理解が進むことは超大事なことです。どんな政治上の問題よりも１００億倍重要です）、ろくでもないことも沢山あるけれど、まだまだ世の中、あるいは人類も捨てたもんじゃないなあと思えるのです。

回答を終えて

詰め込み教育といえば、昔は（いや、今でもかな？）歴史の年号や平方根などを、語呂合わせで覚えることがよくありました。「イヨー国（1492年）が見えた新大陸発見」とか「人並みにおごれや（1.7320508＝ルート3）」などといったものです。そんな中、ひときわ素晴らしい語呂合わせで今も覚えているものがあります。それが「アヴィニョン捕囚」（神聖ローマ帝国に追われて教皇の座がフランスのアヴィニョンに移されたこと）が始まった年を覚えるためのもので、「坊さん飛んでく（1309年）アヴィニョン」というのです。「1」を「棒」、「0」を「飛んで」と読ませるところにも舌を巻きますが、「坊さん」と読み替えることで、それが教皇のことだとパッとわかるところも秀逸としか言いようがありません。これは代ゼミの先生が出した参考書に載っていたものだったと思いますが、いまだにこれを超える語呂合わせには出会っていません。

SATANIC ADVICE
THE SATANIST IS IN

Q

世の中についておかしいと思うことはありますか？

質問者●「トシキ」さん

世の中についておかしいと思うことがあれば、教えていただきたいです。私はヨシキさんが感じられている怒りや違和感を読むのがすごく好きなのです。

A

「ある種の人たちは、どの時点から邪悪になるのだろうか？」ということです。

世の中についておかしい！　ふざけるな！　一体どういうことなんだ！　と思っていることはもう超いっぱいあります。せっかく今回質問という形でリクエストを頂いたので、今後はチョコチョコと、そういうあれこれについても可能な限り面白おかしく書いてみたいと思います（面白おかしくしないと単なる愚痴みたいになってしまうので、よろしくありません）。

今回はせっかくなので、一つ、昔からとても疑問に思っていることを挙げます。それは「ある種の人たちは、どの時点から邪悪になるのだろうか？」ということです。イケシャーシャーと嘘をついて平然としている役人や政治家、喜々として弱い者いじめに明け暮れる役人や政治家やおまわりさん、あるいは強面《こわもて》のヤクザでも町内会で威張り散らかしているジジイでも権力闘争に明け暮れるマンション管理組合のおばさんでもいいですが、こういう人たちは、一体いつから「それでいいのだ！」と思えるようになったのか？　ということには、とても興味があります。

もちろん、そういう人たちだって別の所では良き家庭人だったり、誰かの良き友人だったり、良き父親母親、良きおじいちゃんおばあちゃんだったりするのでしょう。**全面的に全方位的に根っからの悪人、という人物像はなかなか想像しにくいものがあります。**しかし、それは日々アウシュビッツでせっせと虐殺や拷問をしていたナチスの兵士や将校だって同じことです（彼らの多くは周囲の人に「とても優しい人」だとか「立派な父親」だとか思われていました）。で、これもアウシュビッツの兵士たちと同じなんですが、彼らはどこかの時点で自分のやっている悪事（いじめや嫌がらせから、直接的・間接的な殺人まで多岐に渡ります）に慣れてしまったのでしょう。でも、たとえ今はそういうことが日常になってしまっているとしても、「慣れて」しまう前の段階があったはずだと思うわけです。あっ、念のため、ぼくは自分を善人だとは思っていません。至らないことだらけだし、時にはカッとなることもある（若いときは今よりずっとカッカしやすいたちでした）。人に嫌な思いをさせたり傷つけたりしてしまったことは数え切れないほどあるし、今でもそういう失敗をしてしまうことがあります。ただ、「うわーしまった、悪いことをしてしまった」という気持ちはあるので（本当です）、そういう気持ちというか感覚をまったく持ち合わせていないかのように見える人たちは、なんでそんな風なんだろうなあと思うわけです。「うわーしまった、悪いことをしてしまった」と思わなくても平気な人間になれたのはなぜなんだろうか、と。

別に性善説を唱えたいわけではありませんが（しかし、生まれたばかりの赤ちゃんがすでに「悪」だ、という可能性はかなり低いと思います。「悪」はあんな風にヨチヨチ歩かないと思う）、どこかで「慣れたり」「折り合いをつけたり」、あるいは「世の中そういうもんだから」と「割り切ったり」と、まあ言い方はなんでもいいんですが、そうやって邪悪な自分を許容していったとすると、一体それはどういうときに、どういうきっかけがあってのことなのだろうか？　どれくらいの期間、いかなる環境に置かれるとそうなるのか？　ということはとても不思議です。もちろん人によって事情は違うと思います。現在進行系で悪に染まっている人たちは、社会のありとあらゆる階層にいて、年齢も職業もまちまちですが、しかし、彼らがみな「邪悪さ」と折り合いをつけたという意味において、そこには共通点なり、普遍性があるはずです。これは文学や映画、哲学などでもさんざっぱら議論されてきたテーマだし、そのことについての本も沢山あるんですが、「でも、なんで？」という疑問は解消されません。だから永遠のテーマになり得るのでしょう。ぼくが超悪いキャラクターが出てくる映画が大好物なのは、この「なんで？」に対して「なんでもクソもない！」と言い切ってくれるところにあるのかもしれません（『スター・ウォーズ』のプリクエルも同じ問題を扱っていましたが「なんで？」の理由を丁寧にわかりやすく説明したことで面白みが減ったと思います。あまり簡単に説明がついてしまうものではないからこそ、いつまでも興味が持続するということは往々にしてあります）。

あれ、「世の中についておかしいと思うこと」というか、どうにも抽象的な話になってしまった気がしますが、鉄面皮なアホがイケシャーシャーと嘘ばかりついている様子をテレビなどで観るにつけ、**「うーん、この人は一体、いつから『どれだけ嘘をついてもいい』**

ということにしたんだろうな……」と考えてしまうので、今回ちょっとそのことについて書いてみました。

回答を終えて

おかしいと思うことはいくらでもあります。たとえば近所の道路はほとんど1年中、工事中です。水道、ガス、舗装など、その都度名目は違いますが、とにかく毎週のように道を掘り返しては、また埋めて舗装しています。限界まで好意的に考えれば、つい先日交換したばかりの水道管やガス管や道路の舗装材がどれも劣悪極まりない代物で、交換する端から腐り果てて用をなさなくなってしまうので、住民がそれで不自由な生活を強いられることのないよう、きめ細やかで温情溢れる行政が素早く実効性のある対応策をとってくれている、ということなのかもしれません。だとしたら、それを「おかしい」などと思うぼくの認識の方を正すべきであって、道路工事のことなど何もわからない素人のくせに「工事のやりすぎが怪しい」などと勘ぐってしまったことを改めてお詫びする必要があるのですが、それでも地球は回っているし、こんなに毎日工事する必要はないはずなのです。

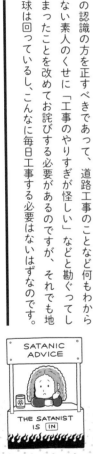

Q 生活のために労働をしなくてもよくなったとしたら、何をしますか？

質問者●「最低でも億」さん

僕は労働が嫌いです。いつも「宝くじが当たったら何をしようかなー」という定番の妄想をしています。仕事は即行で辞めて、世界1周をして……とやりたいことをやり尽くしたあとに待っているのはおそらく激ヒマな時間だと思うので、そうなったらやっぱり趣味程度に何かしらの仕事はしようかなーと、だいたい皆がするような話と同じことを考えています。生活がかかってない労働は楽だしいいなーと思うのですが、僕はこの「趣味程度でする仕事」というのが、具体的に何をしたらいいのかまったく思いつきません。そこで質問です。もしヨシキさんが生活のために労働をしなくてもよくなったとしたら、一体何を始めますか？　幼稚でクズで考えるだけ無駄な質問なのはわかっておりますが、この妄想タイムが自分には多分必要なのです。もしよろしかったら、参考までに教えていただけると嬉しいです。

A「自分を豊かにする」ということが大変な意味を持ってくると思います。

こういう話は耳にタコができているかもしれませんが、**ジャンボ宝くじの当選確率は1000万分の1とか2000万分の1というアホみたいな確率なので、もうこれは絶対に当たりません**。なお、よく言われる「1000万分の1の確率は雷に打たれるのと同じ」というのは誤りで、雷に打たれる確率はもっと高いらしいです（7万人に1人、というか、一生が7万回あると一度は当たるくらいの確率だそうです）。

それはいいとして、生活のために労働をしなくてよくなったら、やりたいことはいくつもあります。

というか、これって実は『新スタートレック』（1987年～1994年）のエピソード「突然の訪問者」で描かれていたテーマでもあるんです。『新スタートレック』の時代は24世紀で、そこでは（少なくとも地球を中心とする連邦の世界では）貨幣経済は姿を消し、

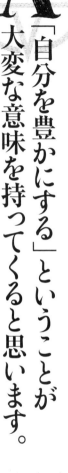

人々は「生きるための労働」から解放されているという設定です。「突然の訪問者」では、300年間に渡って冷凍睡眠していた3人の人たちが24世紀の世界に触れて、どうしたらいいのか戸惑うさまが描かれています。そのうちの1人は女性で、この人はかつて主婦だったのですが、24世紀には「主婦」という概念が存在しないことを知って困惑します。もう1人はミュージシャンで、彼はわりと気楽に順応してしまう。ところが最後の1人は金融ブローカーだったので、貨幣経済が消え去っていることにショックを受けます。それが生きがいだったからです。

「カネもオフィスも銀行もないなんて、俺は一体どうすればいいんだ？　何を生きがいにすればいい？」

これにピカード艦長が答えてこう言います。

「生きがいは自分を磨くことだ。自分を豊かにして……楽しめばいい」。

超長生きができるようになったり、「生活のために働かなくてよい」という状況が出現したとしたら、この「自分を豊かにする」ということが大変な意味を持ってくるとぼくは思います。時間がなくてできなかったことがいくらでもできるとなったら、まずは読書がいくらでもできるのが最高だと思うし、映画や音楽にも思いっきり時間を割けるようになります。

世界各地に旅行に行きたいのはもちろんですが、時間があれば、そういう旅行に行くにあたっても、行った先の文化や歴史、言語を学んでから行けるのも最高です。語学だけでなく、これまで避けて通ってきた学問（ぼくの場合だと数学とかです）をやり直せるのもいいことだと思います。

ご質問には「やりたいことをやり尽くしたあとに」、と書かれていましたが、その「やりたいこと」が「本当にやりたいこと」なのか、それとも「やれること」の範疇《はんちゅう》が狭いがために「やりたいこと」が限られてしまっているのではないか？　と考えることは必要かもしれません。

今まで知らなかった考え方や書籍、学問に触れることで、「やりたいこと」や「考えて

みたいこと」は格段に増えるはずなので、やっぱりまずは興味のある分野から始めて、徐々に知らなかったことや、学ぶ機会を逸してきたことについて、じっくりと本を読んだり、もちろん学校に行って学んでもいいわけですが、そうやって視野を広げていくことが楽しい気がします（年齢やコンディションにもよりますが、スポーツやダンスや音楽などについても同様です）。だから、生活のために労働しなくてすむのであれば、自分ができることを増やし、同時に視界を広げるようなことに時間を使いたいです。これはカッコつけてそう言っているわけではなくて、実際にそう思います。この質問コーナーでは何度も何度も繰り返し引用していますが、『モンティ・パイソン／人生狂騒曲』（1983年）のエンディングで言っている、

「大したことじゃないけれど、他人にはできるだけナイスにしましょう。脂肪の摂り過ぎに注意。たまには良い本を読みましょう。ちょっとは散歩すること。そんでもって、相手の国籍や宗教がなんであれ、みんなと仲良く平和に暮らすよう努めるように」

というのは、「大したことじゃないけれど」本当に本当なのです。

回答を終えて

よほど生得的な体格に左右されるもの（スポーツなど）でない限り、多くのことは誰でも時間をかけて訓練を積むことで、一定のレベルにまで上達することが可能です。もちろん、楽器を演奏するより絵を描く方がうまいとか、文章を書くより料理に才能を発揮するとかいったように、人によって向き不向きや相性というものはあるでしょう。それでも、たっぷり時間をかけて段階的に訓練を詰めば、ほとんどの人が多くの分野で上達することができるというのは事実です（そうでなければ、徒弟制度や各種教室などは、すべて無駄だということになってしまいますが、そうはなりません）。でもそういう習い事や生涯学習といったことは、普通に労働している人だって、大勢がなんとか時間をやりくりして、日々やっていることです。そう考えると「生活のために労働しないでよくなったときにしかできないこと」なんていうことは実際のところ、あまりないのかもしれませんね。

SATANIC
ADVICE
THE SATANIST
IS IN

Q お酒とのうまい付き合い方はありますか？

質問者●「T」さん

自分は酒癖が悪いというか、ある程度のお酒を飲むと余計なことを言ったり、Facebookに極論を書いてすごく後悔し、嫌な気分になります。家では酒を飲まないようにしてますが、付き合いでは飲むのでよく失敗します。Facebookをやめれば良いんですが、必要なのでどうしてもやめられません。ヨシキさんは、お酒を飲むときに気をつけてることがありますか？　お酒とのうまい付き合い方があったら教えてください。

A ちょっと冷たく聞こえるかもしれませんが、最終的には自分でどうにかするしかないです。

ぼくも若い頃から深酒をする方で、お酒の上での失敗談を書いたらきりがないのですが（思い出したくないので書きません）、酒癖というのも人によってまちまちなので、一般論としてお答えするのはなかなか難しいです。ただ、ぼくも馬齢を重ねてだんだん塩梅《あんばい》がわかってきたので、昔のように翌日になって「うわあ、やっちゃった」と思うようなことはだいぶ減りました。ただ、それも逆に言えば「うわあ、やっちゃった」という失敗の積み重ねがあってのことなので、よっぽどのことでもなければ、そこまで気にしなくてもいいのでは？　と思わないでもありません。もちろん、暴力を振るったり、器物を損壊したり、飲みの席で吐いたりというのは論外ですが、少し議論が白熱するくらいは普通のお酒の作用だと思うので、程度にもよりますが、どこまで気にしたらいいのか、一概には言えません（質問者の方の酒癖が、どの程度のものなのかもわからないので）。

お酒をよく飲む人は「途中で水を沢山飲むといいですよ」とか「酔ってきたらペースを落とすようにした方がいいですよ」という助言をもらってもなかなか実行できないので（これは経験上そうだと言えます）、本当にあまりお酒の失敗が度を越すようであれば、専門家に相談した方がいいとは思います。

あと、これは言っておかないといけないと思うんですが、**人間、アルコールに限らず、いろんなものに中毒したり依存したりしていると、その依存を続けるためならどんな言い訳でもひねり出してしまう……**というのは疑いようのない事実です。他人に対してだけでなく、自分に対してもいろんな言い訳を考えるようになる。一方で、人間にはそういう悪循環を自分で断ち切る力もあるはずです（重度のアルコール依存症の場合は、この限りではありません。自分でどうにもならない場合は、やっぱり専門家に相談する必要があります）。だから、専門家に相談するにせよ、そうでないにせよ、最終的には自分で決断をしなくてはなりません。ちょっと冷たく聞こえるかもしれませんが、本当にそうとしか言いようがないのです。もしかしたら、飲んでいる途中でちょっと気をつけるだけで（たとえば、少し早めに帰る習慣をつけるとか、そんなことでも効果はあります）かなり状況が改善することもあるだろうし、逆にもっと抜本的な解決策を講じないといけないケースもあるでしょう。結局のところ程度問題なのですが、それもよほどのこと（自傷他害、器物破損など）がない限り、程度問題の「程度」を見極めるのも自分次第なので、なかなか難しいところです。そうだ、一度、飲んでいるところを動画に撮っておいて、あとで観てみるのはどうでしょうか？　もしかすると、「動画で撮っておく」ということにしておくだけで、発言や行動を自制するようになる可能性もあります。ちなみに映画『ブレアウィッチ2』（2000年）はそういう恐怖を描いていて、ざっくり言うと飲み会のビデオをあとで観たら、とんでもない醜態が映っていた！　という恐ろしいお話でした。

あと、酔っ払ってインターネットは絶対にやめた方がいいです。酔ってインターネットに余計なことを書いてしまう人というのは何人も見ていますが、飲みの席でのいざこざなら、よっぽどのことでない限り何年も引きずるということはないと思うんですが、SNSなどに書いてしまうとそういうわけにはいかないので、なんなら予防措置として飲み始める前にコンピュータをシャットダウンして電源コードを抜いてしまうなど、抜本的な方法をとってでもネットに書けない状況を作ることをおすすめします。そういえば昔、外国でやはり同じようなことを考えた人が作ったアプリがありました。そのアプリは、パスワードの代わりにパズルを解かないとコンピュータが開けなくなるというもので、酔っていると解くのが難しいミニゲームがいくつも装備されていたと記憶しています。そういうものを探してみるのもいいかもしれません（英語でDrunk Appとかキーワード入れて検索すれば出てくると思います）。お酒を飲んでいるときは、ネットをせず、なるべく楽しく無意味な話をする、ということを心がけるのが一番です。

回答を終えて

お酒の一番上手な飲み方は「二日酔いにならないタイミングを見計らって、帰って寝る」ということに尽きるのではないか、と思えるようになったのは比較的最近のことです。お酒を飲む人の多くは「史上最悪の二日酔い」というものを経験したことが絶対にあると思いますが、「史上最悪の二日酔い」のときは「もう、金輪際《こんりんざい》、お酒なんて飲まないぞ！」と思うのに、気がつくと史上最悪までは行かずとも、またまた二日酔いになっていたりするものです（あっ、一応書いておきますが、二日酔いに迎え酒は絶対にダメです。それをやると、依存症まっしぐらになってしまいます）。二日酔いにならないための最良にして最も難しい方法は「ほどほどにしておく」ということですが、今書いたようにそれは大変に難しいことなので、だったらせめて寝る時間を長くとることで、寝ている間に回復してしまえばいいはずです。なるべく早く帰ってサッサと寝てしまうのが一番です。

SATANIC ADVICE
THE SATANIST IS IN

Q 痩せたいです。

質問者●「D」さん

社会人になって1年、かなり太ってしまいました。ストレスによる食欲増加が一番の原因です。仕事で感じるストレスを、簡単に幸せを感じることができる食事で埋めているような状況です。ダイエットらしいことを何度か試すも失敗。今はとにかく、痩せて元の自分の体形に戻りたいです。去年の年末からNetflixで『新スタートレック』を見始め、すっかりハマってしまったのですが、「私も宇宙艦隊に入りたいなぁ」と思うたび、「いや、あんな全身タイツみたいな制服着れない。お尻やお腹の大きさがバレてしまう。そもそも宇宙艦隊にはスリムで引き締まった人しかいない！」と落ち込む日々です。どうしたら痩せますか？

A 痩せる方法は一つしかありません。摂取カロリーを減らして筋トレと有酸素運動をすることです。

確かに『スタートレック』に登場する連邦の士官はだいたいみんなスタイル抜群ですよね。あれはきっと、未来の栄養学の成果があるのだと思いますし、身体づくりも生活を豊かにするアクティビティの一部として定着しているのかな……などと想像して観ています。ただ、連邦以外の地球人やクリンゴン人などには、まだまだいろんな体形の人がいるので、未来とはいえ、みんながみんなスリムな体形を誇っているわけではないようです。

ストレスでつい食べ過ぎてしまう、という気持ちはよくわかります。ぼくもストレスが溜まったときは、ちょっと奮発しておいしいものを食べに出かけたりすることがよくあります。あと逆に、体形を気にすることを放棄してしまうのも、それはそれで好きなものを好きなだけ、好きな時間に食べられるということだから、なかなか魅力的に思えます。

ただ、そうやって好きなものを好きなだけ食べている人でも、幸せな人と不幸な人がいます。「好きなものを好きなように食べる自分」を全面的に肯定できている人は幸せだろうし、逆に、その行為から自己嫌悪でいっぱいになってしまったら、それは大変不幸なことです。質問者の方は「元の自分の体形に戻りたい」ということで、本当は食べ過ぎないようにしたいのに、つい食べてしまって自己嫌悪に陥っておられるのでしょう。

さてダイエットというか、痩せる方法についてですが、これはもう一つしかありません。摂取カロリーを減らして消費カロリーを増やすこと。要は食べるものを減らして、筋トレと有酸素運動をすることです。**「それができないから困ってるんじゃないか！」と思われるかもしれませんが、これ以外に有効なダイエット方法は絶対にない**ので、とにもかくにも始めてみるのがいいと思います。筋トレにはストレス解消効果もおおいにあるので、10分でも15分でもいいので、毎日決まった時間ちゃんと運動すると、よく眠れるようになるし、また、そうやってトレーニングをすることで「せっかくトレーニングしたのに、それを無駄にするのはもったいない」という気持ちが芽生えて、食べるものにも自然と気をつけるようになります。マインドセットは生活習慣に引っ張られるので、何がなんでも毎日運動をする、という習慣を身につけてしまうのがベストだと思います。最初は面倒くさくても2週間くらい続けると、だんだん自然と習慣になるものです。

なお、筋トレにしろ食事法にしろ、巷《ちまた》にはそういう書籍やウェブサイトが溢れていますが、参考にするなら、ぼくは石井直方《いしいなおかた》さんの本をおすすめします。石井さんは日本の筋肉研究の権威で（かつては東京大学で学ぶ傍ら、ボディビル選手としても活躍していました）、ちゃんと科学的根拠に基づくトレーニング方法や体づくりについて、いくつも著書がありますので、試しに1冊読んでみてはいかがでしょうか。がんばってください！

回答を終えて

スリムでかっこいい体形に憧れない人はあまりいないと思いますが、フィットな体形（を維持できているかどうか）ということに、必要以上に価値を置くのも、それはそれで良くないと思います。ましてや「フィットな体形であることが、自己管理ができているかどうかのバロメーター」などという、人を追い込んで傷つけるような物言いを信じてしまってはいけません。だいたい「自己管理」という言葉自体、自分の生活や体形をあたかも工場のようにみなしているようで、居心地の悪さを覚えます。人間の価値が、外見から判断できるかのような考え方には断固反対です。運動したくたって時間のとれない人もいれば、食生活を改善しようにも、いろんな事情でそれが実現できない人もいます。誰もがギリシャ彫刻みたいな体形の世界、というのも、それはそれでちょっとしたディストピアではないかと思うし、お腹いっぱい好きなものを食べる楽しみも手放したくないですもんね。

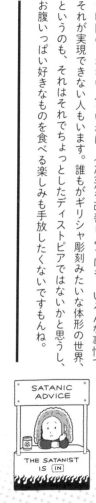

Q 嫌煙の風潮に違和感を覚えます。

質問者●「巡礼」さん

昨今の嫌煙の風潮についてヨシキさんはどうお考えですか？　文字やコマーシャルでの注意喚起くらいなら理解できるのですが、「タバコのパッケージにタールで汚れた肺のグロい写真を載せて警戒させよう！」といった動きなどはやりすぎに感じますし、美的センスがなさすぎで信じられません。あと、タバコが印象的な映画があればぜひお聞きしたいです。

A 過剰な嫌煙にはぼくもおおいに迷惑しています。

ぼくはタバコを吸うので、過剰な嫌煙の風潮にはおおいに迷惑をしております。だって、店で吸えなくて道で吸えなくて公園で吸えなくて喫煙場所が減らされて、下手すりゃ家でも吸えない……というのは、スモーカーにとっては、もう筒井《つつい》康隆《やすたか》の短編小説『最後の喫煙者』（新潮文庫）のような悪夢世界そのものだからです。あまり言いたくはありませんが、外でタバコを吸うなというのは、海でおしっこするなというくらい無理があると思っています。

グロい写真をパッケージに載せる云々《うんぬん》は東南アジアの国では結構前からやっているようですが、あれはパッケージを捨ててシガレットケースにタバコを移してしまえばいいのですから、ひと手間かかるとはいえ、対処することは可能です。なお、アメリカでもヨーロッパでも、まだまだ喫煙者が多いというのは本当で、サンフランシスコでも大勢が道でタバコを吸っていますし、2015年に訪れたローマでも皆さんタバコを吸いまくりでした（駅の線路は吸い殻で埋まっていました）。オシャレでカッコいいお母さん2人組がくわえタバコで乳母車を押している風景にもローマでは出くわしました。現在の日本だったら眉をひそめられてしまいそうですが、誰も気にする風でもなかったのが良かったです。あとアメリカやヨーロッパでは飲食店で喫煙はできませんが、気の利いたバーなどはたいてい中庭か裏口を出た所が喫煙所になっていて、みんなそこでタバコ吸ってます（マリファナを吸っている人もいます）。あと香港やイギリスなどもそうですが、海外に行くと街中の至る所に公共のゴミ箱があって、その上部が灰皿になっていることも珍しくありません。日本では地下鉄サリン事件やテロなどを口実に、街中から公共のゴミ箱が一掃されてしまいましたが、テロの標的という意味ではアメリカをはじめ諸外国だって可能性は高いわけですから、灰皿付きの公共ゴミ箱を設置しない理由としては弱いと思います（公共のゴミ箱があると、そこに自宅のゴミを捨てに来る輩《やから》が増えるから、という理由もあるようですが）。

なお、**タバコを吸う場面で、映画史上最もカッコいいものの一つは間違いなく『エスケープ・フロム・L.A.』（1996年）のラストシーンだと思います。**ネタバレになるのでどういう場面なのか、ここでは説明しませんが……いや、もう20年以上前の映画だからいいか。肉を食うことも、アルコールを飲むことも、もちろんタバコを吸うことも禁止されたディストピア的な未来世界を、最後の最後に主人公のアウトロー、スネーク（カート・ラッセル）が転覆させて、暗闇の中、ついにタバコに火をつけるんです。「人類の世界へようこそ」という最高に渋い決め台詞と共に。もう一つ気に入っているのはリドリー・スコット監督作品『ブラックホーク・ダウン』（2001年）の中で、ソマリア民兵のリーダーが、捕虜にしたアメリカ兵に葉巻をすすめるも「そういえば、お前たちアメリカ人はもうタバコも吸わないいんだったな……お前らは長生きするようになった。退屈でつまらん人生をな」と言い放って、おいしそうに一服する場面です。

回答を終えて

かつて、国鉄（今のＪＲ）の駅のホームの支柱には、そこかしこに灰皿と痰壺《たんつぼ》（ジジイが「カーッ、ペッ」と痰を吐くための壺です。若い世代の人には想像がつかないかもしれませんが、そういうおぞましいものがあったのです）が据え付けてあり、ホームでタバコを思う存分くゆらせたのち、吸い殻を灰皿でなく線路に投げ捨てる光景は日常茶飯事でした。また、道路でも、横断歩道のところなどにはたいていスタンド灰皿があって、ちゃんと消されずに投げ入れられたタバコが白煙をもくもくと上げていたものです。新幹線や飛行機はもちろん、会社でも家庭でも灰皿が常備してあるのは当たり前で、会議室はもうもうたる煙で覆われていました（そういう様子は古い映画などで観ることができます）。そんな時代をさんざん謳歌《おうか》してきた老人が、今では禁煙見回り員の制服を着込み、歩きタバコを怒鳴りつけて回っていたりするのは、心理学的になかなか興味深い事例だと思います。

SATANIC
ADVICE
THE SATANIST
IS IN

Q

食生活で気をつけていることはありますか？

質問者●「ドゥーディー」さん

私は30代に入り、食生活がいよいよ本格的に体に影響を与えるようになってきてしまいました。しかしもともとがジャンクフード大好き人間なので、なかなか食生活を改めるのも難しいですね（カップラーメンとか、はっきり言って最高です！）。ちょっと腹が出てきた……くらいなら良いんですが、このままでは将来的に病気になったりするのかな、と不安になったりもします。そこで、ヨシキさんの普段の食生活について伺いたいです。好きな食べ物や嫌いな食べ物。または気をつけていることなどあれば教えてほしいです。また、食に関する映画やその他作品でオススメのものがあれば教えてください！

A

白米やパンをモリモリ食べるとやたら眠くなってしまうので警戒心を持っています。

30代のときは本当に笑っちゃうぐらい不摂生が体に反映されるので、毎日ぶくぶくと不摂生が反映される自分の体を眺めて、笑って過ごしていました（本当は「困ったなあ」と思っていました）。現在のぼくの普段の食生活ということですが、時期によってだいぶ違うので、なかなか一言で回答するのは難しいものがあります。というか、食べるものに気をつけているときと、まったく気にせずなんでも食べてしまうときの落差が激しいともいいます。それと、**ストレスの溜まり方は人それぞれなので、食事に気をつけることと、それがどれぐらい自分にとってストレスになるかの見極めは大事なんじゃないかと思います。**

なお、ぼくはここのところ、白米やパンにわりと警戒心を持っているのですが、それはダイエット云々ではなくて、あれはなんだろう、血糖値が上がるからかな、白米やパンをもりもり食べると、すぐに猛烈に眠くなってしまい（で、寝ます）、その日やろうと思っていた仕事ができなくなってしまったりするので、そこはちょっと気をつけています。昼間に寝ても夜に仕事すればいいじゃん、フリーランスなんだし、と思われるかもしれませんが、夜はできれば飲みに出かけたりしたいことも多いので（最近はそれこそFacebookのせいで誰がどこで今飲んでるかわかってしまうので、それを横目に家で夜中に仕事するのも精神衛生上悪いのです）、昼間にあまり眠くなりすぎないようにしたいなと思って、白米やパンをそんなに摂取しないようにしています。

なお、おすすめの「食に関する映画」といえば！　それは！『食人族』（１９８０年）に決まっています！　が、これだと意外性もクソもないので、今度「ごはんのうまそうな映画」というのをちょっと考えてみるのもいいかもしれません。今ぱっと思いついたのは『ネバーセイ・ネバーアゲイン』（１９８３年）で、健康有機野菜ランドみたいな高級サナトリウムにジェームズ・ボンドが潜入する場面です。ボンドは美食家なので、そのサナトリウム的なところの健康オーガニックごはんには一切期待しておらず、代わりにスーツケースにシャンパンのボトルと、キャビアやフォアグラの缶詰を詰めて持ち込み、自室で優雅にいつものボンド飯（という言葉があるか知りませんが）を食べるのですが、なるほど、人間好きなものを食べるのが一番だよね、やっぱり、と思わせる名シーンだったと思います。

回答を終えて

ジェームズ・ボンドに限らず、食べ物でも飲み物でも、あるいは麻薬でもいいんですが、「世間の言うことなんか知るか！　体に悪いものだと言われようが、俺は私は好きなように食べ、好きなように生きてやるんだ！」という姿勢の人を映画の中で見かけると、いつも嬉しくなってしまいます。赤い肉やアルコールやタバコや塩（！）など、体に悪いとされるものがすべて禁止された未来を描いた映画『デモリションマン』（１９９３年）には、そういう体制に嫌気が差して地下に潜ったレジスタンスのリーダーが、「俺はＴボーンステーキや、どでかいリブが食べたい！　サイドにグレイビーまみれのポテトをつけてだ！高コレステロールなものが欲しい！　ベーコン、バター、それにバケツに満杯のチーズとかだ！」と一席ぶつ場面があります。実際の台詞はもっと長く、個人の自由についてバカらしくもちゃんと述べた見事なものなのですが、観るたびに感動してしまいます。

SATANIC ADVICE
THE SATANIST IS IN

Q ストレス解消法を教えてください。

質問者●「トゥナイト今夜」さん

ストレスというのは溜まると体調を崩したり円形脱毛症になったり（僕は今まで2回あります！）するので本当にやっかいなものだと思います。ヨシキさんのストレス解消法はなんですか？　僕は、友人と飲みに行くのが一番のストレス解消法です。

A 「仕事と完全に切り離して夢中になれること」はすべてストレス解消に繋がると思います。

ストレス解消法はいくつかあります。ぼくもご多分に漏れず、親しい人たちと飲みに行くのがその筆頭です。ぼくは以前「自分はお酒が超好きなんだ」と思っていましたが、歳を経るにつれてお酒そのものというより、「飲みながら人と話をしているという状況」が好きなんだということがだんだんわかってきました。気づくのが遅すぎたともいいます（追記：最近は、友人を招いて自宅でのんびり飲む機会を増やすようにしています。飲み屋街は楽しいものですが、通うのが習慣化しているのもどうかと思うようになったので）。

旅行もおおいにストレス解消になります。特に海外旅行。時間とお金が許せばもっともっといろんな海外の土地に行ってみたいと思います。あと、意外に思われるかもしれませんが、料理と掃除もかなりストレス解消になります。他のことを考えずに集中できるのが良いのです。散歩も大好きです。ゲームも楽しいし、もちろん読書は絶対に外すわけにいきません。あとは睡眠。たっぷり寝るのはストレスを軽減させる上でとても重要だと思います。睡眠不足だと作業効率は落ちるしイライラは溜まるしで、まったくいいことがありません。仕事で行き詰まっているときは、Amazonなどで買い物をしてしまうこともよくありますが、これはあとでカードの請求が来て真っ青になるのであまりおすすめはできません。あとはなんだろう……とにかく、そのときの時間や状況に応じて、「仕事と完全に切り離して」夢中になれるようなことはすべてストレス解消に繋がるのではないかと思います。

と、ここまで書いたものを読んでみたのですが、なんだか当たり前な感じであまり面白くないですね、すみません。あっそうだ、こんなことを言うと本当にガラでもないと思われそうですが、運動するとストレス解消になるというのは本当です。ちょっとした筋トレを習慣づけると、たぶん疲れてよく眠れるせいもあると思うんですが、てきめんに精神状態が良くなるので試してみるのもいいかと思います。まさか自分がそんなことを書くようになるとは本当に思いませんでしたが、でもこれは本当に効きます。何もジム通いをする必要はないので、安いダンベルを買って（ダンベルは単に鉄の塊なので、イメージよりずっと安いです）家でやればいいと思います（もちろん、ジムに行く方が気分転換になるという人もいると思います。そこは向き不向きですね）。とはいえ、**おそらく究極のストレス解消法は睡眠だと思うので、程よく身体を疲れさせてよく寝るのが一番いいんじゃないでしょうか。**

しかし正直なところ、今のぼくがこんなことを書いていると20代の自分が知ったら発狂すると思います。20代から30代にかけてのぼくは不健康の極みのような生活だったのですが、30代半ば頃にツケがドーンと来て、もうどこもかしこもぶくぶくしてきたので、40手前くらいから少しは運動するようになりました。といって無理に運動をすることを誰彼構わずおすすめするかというと、それはしません。**食べたいものを食べて、好きな時間に起**

きて寝るのがストレス軽減に繋がるということもじゅうぶんあるし、そこはまったく個人の自由だと思います。無理なダイエットや運動をして早死にする人も沢山いれば、浴びるように酒を飲んで好きなものをガンガン食べて長生きする人もいます。それに「長生きさえできればいいのか問題」というのもあるので、みんな好きなようにしたらいいと思いますが、とにかくストレスを溜めないことは重要で、運動不足がストレスに繋がるなら運動をした方が良いのは言うまでもありません。

回答を終えて

当たり前の話ですが、ストレスが溜まるとイライラが止まりません。さらに自分がイライラしていること、それ自体がまたまたストレスになり、イライラがどんどん増幅されるという負のサイクルに入ってしまいます。そういう状況から抜け出すのは大変なので、ストレスの芽は早めに摘んでしまいたいものなんですが、まっとうに会社に勤めている人の場合、日々の生活や仕事から受けるストレスは1日だけでも相当な量のはずです（多くの他人と会うことで生じる対人ストレスだけでも、半端ないと思います）。感情労働であればなおさらのことです。そういう過酷な状況について、適切なアドバイスなどぼくにできようはずもありません。普段行くお店やコンビニなどではできるだけ愛想よくするとか（相手が不必要に無愛想な場合は話が別ですが）、そのくらいのことしかできていないのがもどかしくもあり、申し訳なくもあり、それがストレスの種に……は、なっていませんよ。

SATANIC
ADVICE
THE SATANIST
IS IN

海外・世界編

Q

リベラルでグローバル、かつ平和な社会など、理想に過ぎないのでしょうか?

質問者●「バンボロ」さん

昨今、世界ではテロや移民問題や人種差別が激化し混沌《こんとん》としています。中国やロシアや北朝鮮なども脅威ですし、アメリカではトランプ旋風が吹き荒れ、フランスでは極右政党が支持率を伸ばしてると聞きます。日本もご多分に漏れず……。リベラルでグローバル、かつ平和な社会など、理想や戯言《ざれごと》に過ぎないのでしょうか? 結局、人間は差別や偏見を捨て去ることができないのか、なんて考えたりします。嫌な世の中になったもんです。

A

人類は極めてゆっくりとではあるけれど、ましな方向に向かっていると思います。

うーん、ひと言では答えにくいのですが、ぼくは全体としては人類は極めてゆっくりとではあるけれど、ましな方向に向かっているという考え方です。その「ましな方向」に行くことの足を引っ張る元凶のひとつが宗教だとも思っています。

ですので、昨今の差別主義や極右、国粋主義などの横行は、一種のバックラッシュなのではないかと思っています。少なくとも、その一部は。

もちろん、単純にすべてを楽観視しているわけではありませんが、たとえば「人種差別や女性差別には科学的な根拠などない」、というような認識はここ100年、いや50年でもいいですが、そのぐらいの短い間に広く共有されるようになりました。そういう流れ、それを「時代精神（ツァイトガイスト）」の変遷《へんせん》といってもいいと思いますが、これは差別主義者の人がじたばたしても止められるものではないと思います。インターネットなど、コミュニケーションの手段が大きく変わってきたこともあって、「時代精神」が更新されるスピードもアップしています。だって今から150年前ぐらいには普通に「黒人は奴隷にする方が自然」と思ってる人が沢山いたわけだし、50年くらい前だって「黒人と白人は別の席や別の学校や別の水飲み場で当たり前」と考えている人が沢山いました。「女は男より劣ってるから選挙権なんかやらなくていい」という考えだって、つい数十年前まで大手を振るってまかり通っていたわけです。

でも、そういう考え方はもう通用しなくなってきています。「うちの国は別だから」という言い方で人種差別や性差別を死守したい人が沢山いるのは承知してますが、そんな理屈が通らないことにも多くの人々が気づき始めている。しかし、そういうときには必ずバックラッシュが起きます。それがどういう感情に起因するのか、ぼくは専門家ではないので断言はできませんが、**慣れ親しんだ感覚を更新することについて、たとえそれが倫理的に間違っていることとされていようが、そこに反発を覚えたり、苦痛を感じたりする人が一定数いることは確かだと思うのです**（やっかいなのは、差別する側の論理を自分の中に内面化した、『ジャンゴ 繋がれざる者』〈2012年〉のスティーヴン〈サミュエル・L・ジャクソン〉のような人が、差別されている側にも必ずいるということです）。

自己を更新することはなかなか難しいので、保守的な人を中心にバックラッシュが起きてしまうのは仕方のないことです。しかし、バックラッシュによって「時代精神」の変化が押しとどめられた例はないので、全体としては、そして極めてゆっくりとではあっても、人類はましな方向に向かっているのではないかと思うし、そう思いたいです。（追記：今年の4月に邦訳が出版された『進歩：人類の未来が明るい10の理由』〈ヨハン・ノルベリ：著／山形浩生《やまがたひろお》：翻訳／晶文社〉という本があって、これがまさに「人類は確かにましな方向に向かっている」ということを、データに基づいて実証的に述べているものでした。ここ数十年をとってみても、さまざまな分野で状況が飛躍的に改善されていることが理解できるのでおすすめです）。

それと、人間の中に残酷な性質や凶悪な性質が常にある、ということは別の問題かもしれない、ということは言っておきます。文化的に成熟することで、そういう衝動を理性で抑えるのが当たり前になっているのは喜ばしいことですが、そのことで我々に備わっている残酷さや凶悪さが除去され得るかといえば、そんなことはないだろうと思うからです。少なくとも当分（10万年とか）の間は。

回答を終えて

昨今、一部に「理想」というものを、あたかも嘲笑すべき対象であるかのようにみなす風潮があります。冷笑的な態度をクールなことだと思う人は昔からいましたが、その裾野が広がってきたのか、あるいは単に諦めきった人が増えてきたのか、目の前の「現実」だけがすべてで、それに対し理想はどこまでも無力なばかりか、愚かで無駄な机上《きじょう》の空論《くうろん》に過ぎない……とするような文章を見てぎょっとさせられることが多いのです。しかし理想が牽引《けんいん》しなくなった人間社会、というものがどういうものかというと、それは中世ヨーロッパのような停滞と腐敗の世界でしかないでしょう（実際の中世ヨーロッパは印象に反していろいろ豊かなのですが、レトリック上こう書いています）。理想を放棄することは、もう何もしなくていいや、面倒くさいし、と地べたに寝っ転がって餓死を待つのと同じことだと思います。「こうなったらいいな」と夢想することは、絶対に無駄ではありません。

SATANIC ADVICE
THE SATANIST IS IN

Q 海外での「日本のイメージ」ってどうなんですか？

質問者●「トシキ」さん

海外の文化では、どのような国として「日本」はとらえられてきたのでしょうか？ ヨシキさんのお考えを教えていただけると嬉しいです。

A 一般的なステレオタイプは「謎めいた、よくわからない国」だと思います。

難しい質問ですが、歴史的に日本は「極東の謎めいたエキゾチックな国」と思われてきたし、そのイメージは今もそれなりに残っていると思います。また「謎めいてエキゾチックな」というのは、「謎めいてエキゾチックな美女」という風に、いい意味にとられることもある反面、政治家や商人、兵隊などの場合だと「謎めいてエキゾチックな」＝「何を考えているかわからず不気味」という意味になることもあります。いずれにせよ、**全体**

としては「何を考えているのかよくわからない」が、いい方にも悪い方にも印象として根付いている気がします。「外部の人間には内輪のルールを教えないが、そのルールを知らない限り、どこまで行ってもその人は外部の人間」という、ほとんど嫌がらせとしか思えないような、日本独自の「内輪のルール」的なものについても、当然、悪いように受け取られることもあれば、逆に『将軍SHOGUN』（1980年）や『ラストサムライ』（2003年）や『ミスター・ベースボール』（1992年）や『ブラック・レイン』（1989年）などで幾度となく描かれてきたように、「そういうわけのわからないルールを乗り越えて友情や敬意が芽生える」ことをリスペクトするような表現もあるわけですから、これも一概には言えないかと思います。

ただ、こういう印象については、それがどこまでいってもステレオタイプだということは言っておく必要があります。だから、最も一般的なステレオタイプの、そのベースになっているのが「謎めいた、よくわからない国」という印象だと言うことはできますが、言うまでもなく日本のことについて日本人よりずっと詳しい外国の人だっていくらもいるわけですから、「外国の人は必ずステレオタイプ的な日本のイメージを持っているはずだ」という風には考えない方がいいと思います。

回答を終えて

ぼくの外国人の知り合いには、日本のあれこれについて異常に詳しい人が多く（怪獣映画やヤクザ映画、『ウルトラマン』に身体改造、お化け、幽霊、マンガやグルメなど、そのジャンルは多岐に渡ります）、彼らとの会話は「そ、そんなことまでなんでも知っているのか！」と驚くことばかりです。というか、話にまったくついていけず、「それって何？」と、日本発のカルチャーについて彼らに教えてもらうこともしょっちゅうあります。ですが、こういう人たちは極めて特殊な例なので、ここで「やっぱり、日本は世界中から注目されているんだ！」と思うと大失敗してしまいます。もちろん、日本のあれこれに注目している外国人は他にも大勢存在するわけですが、日本と中国、ベトナムや韓国との区別がつかないような人の方が世界にはむしろ多いはずです。ぼくを含む多くの日本人がバルト三国の違いをよく知らないように、彼らからしてみれば、極東の国々はあまりにも遠いのです。

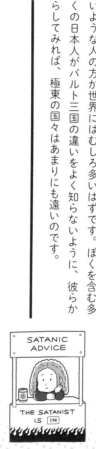

Q

海外で人種差別をされたらどうすべきですか？

質問者●「テルミクラブ」さん

先日（2017年4月）のユナイテッド航空の「乗客引きずり出し事件」で、オーバーブッキングで降りてもらう乗客はコンピュータでランダムに選択されたことになっていますが、選ばれた人がすべてアジア系だったことなどから、根底には人種差別もあったのではないかといわれています。この手の話はよく聞くのですが、僕は英語がさっぱり話せないので、自分が差別の対象になりやすいのではないかと思うと、いつか欧米に行ったときにこんな目に遭ったら嫌だなぁと思ってしまいます。そんな奴らは無視するのが一番なんでしょうが、今までアジア圏しか旅行に行ったことがないので、差別された経験がなく、もしされたらと思うとやはり怖いです。ヨシキさんは海外で人種差別を感じたことはありますか？　また、もしそんな目に遭ったときの対処法がありましたら教えてください。

A レストランや飛行機などで差別をされたら「自分は怒っている」という意思表示をしましょう。

ぼくは幸運なことに、あまり海外で差別を感じたことはありません（単に鈍感なのかもしれません）。日本にいるときの方が（見た目のせいもあると思いますが）白眼視されることが多いので、それもあるかもしれませんが。

なので、あまり大した助言もできないのですが、人種や性別などによって差別的な待遇を飛行機なりレストランなりで受けることがあったら、もちろん、それは抗議すべきです。そういうときは「怒っているという意思表示」が大事なので、言葉がそれほどできなくても、自分は怒っているんだ、ということをジェスチャーなり大声なりで伝え、レストランなどであればさっさと店を出てしまうことをおすすめします。そういう対応をする所に長居する必要など、まったくないからです。道路など公共の場で何か差別的な言葉を投げつけられたりしたときは、無視して歩き去るのが一番です。相手をしても向こうが喜ぶだけなので、無視に限ります（無駄にケンカになっても面白くないに決まっています）。

見た目や性別、国籍で人のことをジャッジしてかかるような人間は人生に必要ないので、そういう人間に出会ったら犬のウンコを踏んづけたようなものだと思って、とっととその場を離れてサッサと忘れてしまいましょう（なお、暴力や度を越した罵声など、無視できないレベルの嫌がらせを受けた場合は周囲の他の人に大声で助けを求めるのがいいです。これは観光客目当ての押し売りなどに対しても有効です。あたりの人たちに向かって「ヘルプ！　ヘルプ！」と大声で言うだけでも、相手を萎縮《いしゅく》させる効果はじゅうぶんにあります）。

回答を終えて

排外主義者や人種差別主義者が大暴れ、というニュースが大きく報じられるため、世界的に人種差別の嵐が巻き起こっているような気がしてしまうのは無理のないことです。また、実際にそういう見下げ果てた連中があちこちで怪気炎を上げていることも事実ではあります。しかし、全体としてみれば、人種差別が許されるべきではない、という考えは、以前からは信じられないほど世界的に浸透してきています。中学校の同級生に、イギリス帰りのいわゆる帰国子女がいたのですが、小学校時代は「チン・チョン・チャイナマン！」と同級生にからかわれることがしょっちゅうあったそうです。今そんなことを言ってアジア系の生徒がいじめられたとしたら、すぐに大問題になるはずです。国境を越えた人々の移動が頻繁になったことも重要で、日常的にいろんな人種の人と触れ合う機会が増えたことは、排外主義を生む一方で、しっかり良い効果ももたらしているのです。

SATANIC
ADVICE
THE SATANIST
IS IN

Q

アメリカの大学に留学するのが不安です。

質問者●「モゲラ」さん

今年からアメリカの大学に映像の勉強のため編入するのですが、さまざまな不安があります。今まで長期間海外に滞在したことがなく、英語も満足にしゃべれるわけではありません。そこで留学経験があり海外の友人の多いヨシキさんに相談なのですが、どのように現地の人々とコミュニケーションをとれば良いのでしょうか？　英語の聞き取りはある程度できるのですが、しゃべりがすごく苦手です。日本人相手でさえ臆してしまう自分が、アメリカ人の友達を作れるかどうか心配です。また、どのように授業についていけば良いでしょうか？　アメリカの大学の勉強は日本よりも大変だと聞きます。ただでさえ英語の不自由な自分が、授業についていくにはどうすれば良いのでしょうか？　この他にも海外生活についてアドバイスがあれば、ぜひ頂きたいです。

A とにかく「行ってみて、やってみれば大体なんとかなる」と思っておくといいでしょう

アメリカに留学とのこと、おめでとうございます。うらやましいなあ。ぼくは留学といってもカナダの高校に1年間通っただけなので、外国に滞在していた時間は全然長くないのです。

さて、コミュニケーションの方法ですが、これはもう当たって砕けるしかありません。アメリカは移民の国なので、英語がそれほどうまくない人も大勢暮らしています。そのため、**少なくとも大学のあるような街の人々は、「英語が母国語でない人がしゃべる英語」というものをわかっていて、こちらが意思を伝えようとしていることを示せれば、ちゃんと最後まで聞いてくれるものです**（そうでない人もいるかもしれませんが、一般的に言ってそうです）。コミュニケーションがとれることが一番なので、変にコンプレックスを抱かずにどんどんしゃべっていれば、言葉は自然にうまくなっていくと思います。わからないことは聞けばいいいし、心配なら辞書やスマホを使ってその場でどんどん単語を調べるの

もいいでしょう。「ちょっと英語でなんて言うのか調べるから待っててね」と言えば大丈夫です。

「当たって砕ける」のは結構大事で、「話しかけてもモジモジして答えない」ということが繰り返されると、「話しかけられるのが嫌で、孤独を好む人なんだな」と思われてしまい、そういう「気遣い」から、さらにコミュニケーションの機会が減ってしまうということが考えられます。「何があったって、死にはしないんだから大丈夫」くらいに思って、なるべくコミュニケーションの機会を増やすに越したことはありません。もちろん、自分の性格を変えたり、無理に明るく振る舞ったりする必要はまったくありません。海外で自分の振る舞いを無理にアメリカナイズしようとする人がたまにいますが、そんなことは百害あって一理なしです。無理して作った「個性」は良くないです。今の自分と、海外にいる自分は同じだからです。**環境が変わることで、徐々に考え方や振る舞いが自然に変わっていくのはいいことですが、意識して無理に「自分」を変えようとするのはやめた方がいいでしょう。**

授業に関しては、とにかく必死でついていくしかないと思います。課題なども多いと思いますが、がんばって日々乗り遅れないようにしていけば、3カ月もしないうちにだいぶ楽になるはずです。日常生活を海外で送っていると（そして、日本人グループだけで行動することをなるべく避けていれば）、だいたい3カ月ごとぐらいに「あれっ」と思うくらい、以前に比べて言葉が上達していることに気づくというのがぼくの実感です。だから授業も最初の3カ月がんばってついていけば、その先は今想像しているよりもずっと楽になると思います。

人によりけりかもしれませんが、海外生活は大変なことより楽しいことの方が多いと思います。違う考え方や習慣を知るのも楽しいし（その際、あれが違うこれが違う、ということを、向こうの落ち度のように考えるのだけは厳禁です。「あ、それも違うのか？　なるほど」ぐらいに思うのが一番いいです）、またそういう違いがあってなお、驚くほど自分たちと同じ部分があることに気づけるのもいいところです。アメリカは映画館の料金も安いし、ほとんどの作品を日本公開前に観ることもできます。きっと実りあるいい体験になると思いますし、一生続く友達もできると思います。とにかく「行ってみて、やってみれば大体なんとかなる」と思っておくといいと思います。実際、行ってみてやってみれば大体なんとかなるものだからです。

回答を終えて

未知の状況に飛び込むのは、いつだって不安とワンセットです。意外に思われるかもしれませんが、そういう不安を強く抱いているのはむしろアメリカ人の方だったりします。というのも、日本人やフランス人、ドイツ人やウクライナ人など、英語を母国語としない人たちにとって、「海外に出かける」ということは、多くの場合「英語など、別の言語を使わざるを得ない状況に放り込まれる」ことなのに反し、アメリカ人の場合は「どうやっても英語が絶対に通じない国」に行くことが稀で（そういう国自体あまりないので）、その恩恵に浴す一方で「英語が絶対に通じない状況」に対する強い不安を覚えてもいます。まったくもって贅沢な悩みに思えますが、英語以外の言葉で会話が可能なアメリカ人は25％ほどしかいない、という調査結果もあり（2001年、ギャラップによる調査）、そういう不安が『ホステル』のような異文化ホラー映画のネタになることもしばしばです。

SATANIC
ADVICE
THE SATANIST
IS IN

生と死編

Q 人を殺してはダメだと思いますか？

質問者●「aw」さん

人は夏に蚊を手で叩いて殺します。僕も殺したことがあります。ゴキブリを新聞紙で叩いて殺す人も、沢山いると思います。僕も殺したことがあります。ネズミを踏みつけて殺したことがある人や、犬を棍棒で殴り殺したことがある人は少ないと思います。僕もないです。人を殺したことのある人は、滅多にいません。人を殺したらダメな理由は、僕は「日本に住む僕↓日本では法律で禁止されてる↓法律を破る↓ルール違反↓集団の和が乱れる↓ダメ」みたいなことと、「同じ人間という種族を殺すと、種族が滅亡してしまう↓ダメ」みたいなことくらいしか、思いつきません。世の中には、人を人とは思わないような人もいます。悲しい事件は繰り返し起きます。高橋さんは、人を殺してはダメだと思われますか？　ダメだと思われるなら、その理由はなんですか？

A 絶対に人を殺してはいけません。

これはヘヴィな質問ですが、お答えしましょう。長くなりますが、最後まで読んでください。

かつて同じ質問をされたときにぼくは「人間は殺しても良いけど、動物はダメだ！　特にネコは絶対殺してはいけない！」と言っていたのですが、そのときと現在では状況が違うので、この回答は取り消します。今の世の中、こういうギャグが通じる状況ではちょっとなくなってきている、と思うからです。

最初に言っておきますが、人を殺してはいけません！

ここでぼくが「人を殺してはいけない」という理由はシンプルで、「誰かが考えた倫理的判断に従う可能性のある人」に、「人を殺してもいい」と言うことは極めて危険だからです。**他人に「なぜ人を殺してはいけないのですか？」と尋ねるということは、納得できる理由を「他人から」提示されたらそれに従う可能性があるということです。**つまり、自分の内面の倫理の尺度に確信が持てないでいる状態にある。そういう「自分の倫理の尺度に自信が持てない人」に対して「わからない」とか「殺してもいい」と言うことは無責任を通り越して犯罪的だとぼくは思う。だから、絶対に、人を殺してはいけません。

しかし、今の回答は質問した人とぼくとの関係性の問題であって、「人を殺してはいけない明確な理由」について言っていないじゃないか、と思われるかもしれません。うん、それは言っていないです。なぜなら、それは回答が出ない問題だからです。個々のケースで答えは出るでしょう。カッとなったり、相手の生命に価値がないと個人的に判断したから、という理由で人を殺してはいけないのは一般的に当然のこととしても、では正当防衛はどうする、軍隊はどうする、肉親を殺そうとしている相手、あるいは殺してしまった相手に対してはどうする、と、単に「人を殺す」といってもその状況は恐ろしくまちまちです。勧善懲悪《かんぜんちょうあく》が成り立っていれば殺人は許される、という考えの人も大勢います。逆に、どういう状況下であっても殺人は許され得ない、という人もいる。

だから、すべてのケースに当てはまるような、絶対的な、どうしても殺人が許されないという理由が欲しい、というのであれば、それをお答えすることはできません（「しかし、人を殺してはいけませんよ」とは言います）。

なぜかというと、**「絶対的な理由」に従うということは、自分の頭で考えるということ**

を放棄することと同義だからです。もうちょっと簡単に言うと、「誰か（権力者とか神とか）に〈やるな〉と言われたから、やらない」というのであれば、それはロボット人間に成り果てるということです。「（権力者や神に）やるな」と言われたから、という理由で何かを思いとどまる人は、「（権力者や神に）やれ」と言われたらやってしまいます。歴史上、そういう愚かさの上に多くの殺人や虐殺が正当化されてきた事実を考える必要があります。

こういう倫理の問題に関しては、過去数百年、いやもっと永きに渡って多くの賢い人たちが頭を悩ませてきました。いっときまでは宗教の力が強かったので、「聖典にダメと書いてあるものはダメ」という横暴がまかり通ったのですが、「誰が、なんの権威で、どういう根拠に基づいてダメなのか？」という疑問に、宗教は「信仰」とかいうあやふやなものでしか答えることができませんでした。ではどうしたら良いのか……と、沢山の恐ろしく頭のキレる人たちが考え続けている間にも戦争は起こり、虐殺が繰り返され、アウシュビッツがあって、原爆が投下され、はたまた昨日まで隣人だった人の首をマチェーテで斬り落とすような陰惨な事件が起こり続けてきました。

といって、頭のキレる人たち、学者たちが考えに考えてきたことは決して無駄ではありません。彼らはそのときどきの状況の中、一体どうしたらこうした難問に答えられるのか、少なくともその糸口を見つけることができるのか考えてきたし、その成果は、たとえば基本的人権であるとか、人間が生来持つ違いに基づく差別は許されない、とする国際的な合意、というような形で実を結んでいます。

また、「どうして人を殺してはいけないのか?」という疑問には重大な空白があります。それは「誰を?」という部分です。「どうして、誰々を殺してはいけないのですか?」と言うと、それは具体的な質問になりますよね。しかし「どうして人を殺してはいけないのですか?」と言うと、それは一種の抽象的な質問のように聞こえます。ものごとを抽象化して考えることができるのは人間の能力の中でも特に重要なものの一つですが、しかし、殺人と言うようなことを考えるにあたって、それを抽象化してしまうこと自体が果たして「倫理的」なのか? という問いがここで生まれます。ユダヤ人が600万人殺された、というのと、誰々さんと誰々さんが……と無限に続く名前を考えることとはまったく別のことなのです(だからホロコーストの記念碑とか、アメリカ軍の慰霊碑とかには個々人の名前が延々と刻まれています)。

ちなみに、日本は国家として殺人を認めています。死刑がそうです。正当防衛は必ずしも殺人に至らないので殺しのライセンスとは言いがたいのですが、死刑は、大臣の名のもとに「合法的に」人を殺せる唯一の機会です（戦争はまた別ですが、現在のところ、日本は憲法で戦争を永久に放棄したことになっているので、ここでは取り上げません）。いかなる殺人も許されるべきではない、と考える人たちは死刑制度に反対します。それはそうですよね、一切の殺人がダメだと言っているのに、国家が人を殺すのがオッケーなわけがありません。これはしかし、逆に考えると「非常に限定的な形であれ、国家が殺人を許可しているということは、すなわち正当化され得る殺人はあるのだ」という考えにも繋がります。そう考えることは、拡大解釈の仕方によってはリンチを正当化してしまうので、ぼくはちょっと危険な考え方ではないかと思っています。とはいえ、赤ん坊も含めた一家を皆殺しにするような鬼畜、あるいは、とある人種をまるごと地上から抹殺しようと企むような人間は、殺されても仕方がないのではないか？　という考えには、やっぱり一理あるように思えてしまう。

長くなりすぎたのでそろそろ終わりにしますが、最初に戻りましょう。質問者の方は、「人を殺してはいけない理由」として、２つの例を挙げていましたよね。

「日本に住む僕↓日本では法律で禁止されてる↓法律を破る↓ルール違反↓集団の和が乱れる↓ダメ」
「同じ人間という種族を殺すと、種族が滅亡してしまう↓ダメ」

この2つです。では「誰か特定の人」を殺していい理由はいくつ思いつくでしょうか？ ここで言う「誰か特定の人」には、なるべくバリエーションを持たせると良いと思います。たとえば、親類や友人から始めて、近所の人々、芸術家や政治家、会ったことのない異国の人々、とんでもない殺人鬼や有名な犯罪者……そうやって考えていくと、きっとどこかで「殺してもいいライン」と「殺してはダメなライン」が自分の中にあることに気づくのではないかと思いますが、そこで考えをストップさせてはいけません。ではそのラインは絶対的なものなのか？ そこで「殺してもよい」「殺してはいけない」というふるい分け作業をしている自分に、その「ふるい分けをする権限」が一体どこから与えられていると自分は考えているのか？ また、同時に、いろんな世界中の人が自分を「ふるい分け」にかけたときに、果たして自分はどちらに分けられてしまうのか？ ということも考える必要があります。

質問者の方は、今、倫理というものを考える入り口に立っているのだとぼくは思います。答えの出ない問題に対して、誰かが「これこれこうだから」と単純な理由を示して、「だからダメ」「だから良い」と言ってくれたら、自分では考えなくて良くなるので楽かもしれません。が、そこで自分で考えるのをやめたせいで、とんでもない事態が引き起こされたことは歴史上多々あります。(たとえば、ナチのアイヒマンは裁判で「言われたことをやっただけです」と胸を張りましたが、世界は「言われたからやった」というだけで、どれだけ人間が残酷になれるのかを知って衝撃を受けました)。

のちのち、ひどいことになっても「でも、自分で考えてやったことだから」と思えれば、それはまだましです。**「よく考えてなかったけど人に言われたからやった（あるいは、人がそういうことをやってもいいと言ったからやった）」ことについて、重大な責任を問われるのは最悪な事態だと思います。**もちろん「自分の考え」を持つためには、これまでに同じ問題についてよく考えた人たちの書物を読んだりして、どういう思考がなされてきたのか知る必要もあります。

そうやっていろいろ学んだり、自分でああでもない、こうでもないと考えたりして（専門家や学者に意見を聞きに行くのも良いでしょう。そういう講座などもあると思います）**悩み続けること、その行動自体がご質問への答えになるのではないかと思います。**そして、悩んでいる間はもちろん、結論が出ていないわけですから、そんなあやふやな状態のまま人を殺したりしてはいけないのは理の当然です。だからやっぱり、人を殺してはいけませんん（なお、映画や小説の中でならいくら殺しても構いません）。この回答で納得がいくかどうか、はなはだ自信がありませんが、もし納得がいかないのであれば、なぜ納得がいかないのかを繰り返し考えてみていただきたいと思います。

回答を終えて

劇中、最も沢山人が死ぬ映画といえば何？　というのは、しばしばインターネットで取り上げられる話題ですが、その上位ランキングに、ホラー映画の題名はまったくありません。「オンスクリーン・デス」すなわち、画面で確認できる人死にが最も多い映画は『ロード・オブ・ザ・リング／王の帰還』（２００３年）で、この作品では８３６人もの死が画面を彩っているそうです。2位はリドリー・スコット監督が十字軍を描いた『キングダム・オブ・ヘブン』で610人死亡。3位はギリシャ史劇アクション『300』の600人とのことですが、こういった数字にどこまで信憑性があるのかについては、一概に言えないところがあります（25位の『ランボー／最後の戦場』247人くらいになると、誰かが一生懸命数えたんだろうな、という感じになってきますが……）。『ラスト・サムライ』（558人）や『タイタニック』（307人）も、なかなか健闘していますね。

SATANIC ADVICE
THE SATANIST IS IN

Q 「死にたい」と思ってしまった場合、どう対処すべきだと思いますか？

質問者●「バイオハザード楽しみ」さん

ヨシキさんは自殺についてどのようにお考えですか？　また「死んでしまいたい」「消えてしまいたい」などと思ってしまった場合、どのように対処すべきだと思いますか？　サタニズムにおける「自殺」に対する考え方もお聞きしたいです。

A 自殺は、できるだけやめた方がいいと思います。

自殺については、できるだけやめた方がいいと思います。ただ、それも場合によりけりです。長期的に見て、明らかに改善の余地がない苦しみが今後ずっと続くことが確実な場合は、自殺や安楽死という手段も選択肢として考える必要があるでしょう。その苦しみが肉体的なものであればなおさらです。が、その場合でも、**自殺／安楽死はあくまでも最後**

の手段であって、痛みや苦しみを緩和する方法が他にあるのであれば、まずはそちらから試すのが筋だと思います（肉体的苦痛が、たとえば医療用大麻で緩和できるものだった場合は、すぐにでも大麻が解禁されている国や州へ移動するべきです）。とにかく苦痛やストレスは百害あって一利なしなので、そういう不要な苦しみを低減できる可能性があるときは（オカルトやインチキ以外）なんでも試すべきです。

精神的な苦痛の場合は問題が複雑です。精神的に苦しい、ということには多くのバリエーションが考えられるからです。たとえば学校でいじめられて辛い・苦しい、というような事例と、借金がかさんでどうにも身動きがとれず苦しい場合、対人関係がもたらす苦痛、あるいは精神病に苦しんでいるケースでは、それぞれ問題の本質も、（もしそれが可能だとして）解決の方法も違うからです。

一方で、精神的に苦しんでいる人には、いくつかの共通点もあるのではないかと思います。たとえば、ぼくもそうなんですが、パニクったり精神的に追い詰められているとき、人間は必ず視野狭窄に陥って、長い目でものを見ることが難しくなります。

それから、これは精神的に行き詰まっているかそうでないかを問わず、プライドというやっかいな問題もあります。なぜここでプライドの話が出てくるかというと、精神的に追い詰められている人が、にっちもさっちも行かない状況であるにもかかわらず、助けを求める声をあげられないでいる理由の一つにプライドの問題があると思うからです。**「死ぬくらいだったら相談してくれれば、あるいは助けを求めてくれれば」と我々は言ったり思ったりしがちですが、それができないから死んでしまう人は想像するよりずっと多いといわれています。**プライドなんてトイレに流してしまえばいいのに、と思っても、そう簡単にはいかないのがプライドのやっかいなところです。こうして、多くの人が自殺してしまいます。もちろん事態の解決を阻むのはプライドだけではないでしょう。視野狭窄も問題の解決を難しくするし、このような種々の要因が合わさって襲いかかってきた場合、普通の人間（超がつくほど無神経な奴以外という意味です）には、そういう「負の複合体」に対抗する術《すべ》がほとんど残されていないとも思います。

「死んでしまいたい」とか「消えてしまいたい」というのは、とても普遍的な感覚です。というか、そういう感覚に一度たりとも襲われたことがない人の方がぼくはむしろ信用できない。でも最初にも書いたとおり、自殺はできるだけやめた方がいいです。なぜなら、いかに自殺願望のある人がそう考えるのが難しいとはいえ、**長期的に見た場合、多くの事態には好転する可能性がいくばくかは残されているからです。**もちろん、より悪くなる可能性だってないわけではありませんが、悪くなる可能性だけに賭けていると身動きがとれなくなるので、あまりそっち側を注視しないようにした方がいいと思います。

いま「注視」と言いましたが、何かに思い悩んでいるときには、それを注視「し続けない」ことも大事なのではないかと思います。何事でも注視し続けていると、知らず知らずのうちに堂々めぐりになっていたり、またその注視している対象だけが全世界であるかのような錯覚にとらわれがちだからです（だから宗教は自分たちの教えばかりを注視するよう信者を誘導します。そうすることで、その宗教が説いていることだけがすべてなのだ、という錯覚を信者に植え付けることができるからです）。ですから、こう言うと聞こえは悪いかもしれませんが、「よそ見」する習慣を意識して身につけることが、「死んでしまいたい」「消えてしまいたい」という思念（とその発生）を防ぐには良い方法かもしれません。いつも同じようなことを書いているようで気が引けますが、新しい場所に旅行するとか、いや、もう旅行と言わず、散歩でもいいのですが、とにかく外を歩いてみたり、普段触れているのとちょっと違う種類の映画や本や音楽に触れてみる、ということが大事だと思います。と、書いているとまたまた『モンティ・パイソン／人生狂騒曲』（１９８３年）ラストの超投げやりな「人生の意味」の説明のようですが、あれは実はとても本当のことを言っているとぼくは思っています。以前にも引用しましたが、『人生狂騒曲』ラストの台詞はこのようなものです。

「大したことじゃないけれど、他人にはできるだけナイスにしましょう。脂肪の摂り過ぎに注意。たまには良い本を読みましょう。ちょっとは散歩すること。そんでもって、相手の国籍や宗教がなんであれ、みんなと仲良く平和に暮らせるよう努めるように」。

なお、サタニズムは個人の自由を最大限尊重しますが、同時に現世の享楽《きょうらく》をおおいに奨励していますから、その享楽の機会を自ら放棄してしまうこと（自殺）については、基本的には反対の立場だといっていいと思います。が、どうしても、というなら個人の選択が優先されるケースも当然あるでしょう。サタニズムの場合は宗教のように「あれをするな」「これをするな」と原理的に強制するのではなく、自分で考え、決断することを尊重するからです。

回答を終えて

世間一般的には、苦しかったり辛かったりすることがあっても「逃げ出さず、しっかりと向き合わなくてはダメだ！」という考え方がメジャーなようです。しかし、「死にたい」とまで思い詰めるほど嫌なことがあったり、耐えがたい思いをしているのだとしたら、サッサと逃げてしまう方が断然いいと思います。学生だったら転校するか休学してしまえばいいし、会社や家庭であったとしても、「これ以上無理だ！」だと思ったら逃げてしまうべきです。その結果、誰にどう思われようがファックオフです。「逃げる」ということには「誰かに助けを求める」ということも当然含まれます。世の中にはいろんな活動をしているボランティアや、さまざまな状況に対応してくれるNPOも多く存在します（なお、宗教団体のところに行ってはいけませんよ）。「ここで逃げたら全部おしまいだ～！」と思い詰める前に、ひと晩でも1週間でもかくまってくれるところに逃げ込んでしまいましょう。

SATANIC ADVICE
THE SATANIST IS IN

Q「死の恐怖」に取り憑かれて、何も手につかなくなってしまうことがあります。

質問者●「パテシネマ」さん

私は、ときどき「死の恐怖」に取り憑かれて、何も手につかなくなってしまうことがあります。小学校低学年の頃、ドラマ版の『漂流教室』を観て、その怖さに震えおののくと同時に、死に対する恐怖が芽生え始めました。9歳だった私は、1年間ほど考えたのちに、「気にしてもしょうがない、今を生きよう」というなんとも平凡な結論に落ち着きました。そのときは、大人になるにつれてこの種の悩みは解消されていくように思っていたのですが、15年ほど経った今では、解消されるどころか、恐怖は強まっています。そのぶん、ホラー映画は心から怖いと感じますし、それゆえ楽しむこともできるという謎の自負はあるのですが……。ヨシキさんも、「死ぬのが怖い」といった恐怖にさいなまれることはありますか。また、そのようなときはどのように恐怖に打ち勝っているのでしょうか。なんだか子供っぽい質問のようにも思えますが、ぜひお聞かせください。

A 「死の漠然さ」がもたらす恐怖を「楽しみ、面白がる」感覚へと変えてみましょう。

大筋において、9歳の時点の質問者の方が正解だと思います。ですが、まともな神経の持ち主であれば、程度の差こそあれ、誰だって死ぬのは怖いものです。集団自殺したヘヴンズ・ゲートの人たちのように「死んだらいいことがある」と思っている人たちは、まともではありません。ヘヴンズ・ゲートはたとえが悪かったかもしれませんが、「死んでから褒美がもらえる、報われる」という考え方は不健康だし、それ以前に大嘘なので、そういうデタラメな仮定に基づいて「だから死ぬのは怖くない、それは祝福です」などとほざくような連中は全員まともではありません。

死ぬのが怖いのは当たり前なんですが、どうして死ぬのがそんなに怖いのか？　という理由は一つではないと思います。「死ぬときに予期される苦痛への恐怖」は別として（それは苦痛が怖いのであって死が怖いのとは別です）、「死ぬのが怖い」というときは一般に「自分というものがなくなってしまうのが怖い」という感覚や、あるいは「死のあとに訪れる永遠が怖い」という、これまたぞっとするような感覚を指《さ》していることが多いようです。

自分の死というものは原理的に、予感はできても実感することはできないので、これは、言ってみれば「今に嫌なことになりそうだなあ」という漠然とした不安を抱いているに過ぎないと考えることができます。その「嫌なこと＝自分の死」と自分が直面することは原理的にあり得ません（直面したときには死んでいるので絶対にわかりません。大怪我をしたり大病をして死ぬときですらそうです。「嫌なことが超もうすぐ起きそう」というところまでは感じるかもしれませんが、どれだけそれがギリギリまであったとしても、やはりそれは予感に過ぎません）。「自分がなくなってしまうのが怖い」というのは、「自分が死んだあとも世の中や他の人がそのまま、変わらぬ日常を送り続けるのだろう」という、観察から得られる実感とも繋がる恐怖ですが、この「自分がなくなってしまう怖さ」と、先に述べた「死後に訪れることが予期される永遠が怖い」という感覚は分けて考えた方がいいかもしれません。

死んだあとに「自分というものがなくなってしまう」という想像は確かにちょっと怖いものですが、ではその「自分」とは一体なんなのか？　ということについては検討の余地

があります。「自分」を「意識」に置き換えてもいいのですが、不眠症の人は別として、我々は毎日必ず意識を失っているのですから、意識がなくなること自体はそれほど恐ろしいことではなさそうです。ぼくは骨折の手術で全身麻酔をされたことが数回ありますが、あれはガスを吸引した途端にストンと意識がなくなってしまい、次の瞬間にはすぐに起こされて、その間のことは当然スッポリ覚えていないばかりか、寝たときのように「ああ、しばらく意識を失っていて今起きたんだな」という感覚もまったくないので不気味でもあり面白くもあります。自分にとっては、全身麻酔が効いていた時間は完全に無で、そんな時間があったことすら状況証拠から確認しない限りわからない。だから「自分」という言葉が何を実際に指し示しているかの話は脇に置いておくとしても（これは真面目に考えると大変難しい問題です。ぼくは「自分」という感覚の大部分は錯覚なのではないかと考えています）、その自分が実際になくなってしまってからのことは、それを感じ取る主体がいないわけですから、これはやっぱり予感に基づく恐怖でしかないということになります。

「死のあとに訪れることが予期される永遠が怖い」の方は、こう書くとこちらも「予感に基づく恐怖」のように思えますが、実際は「永遠」という概念のものすごさに圧倒されているのではないかと思います。永遠とか無限とかいうのはとっても面白いもので、我々の通常の感覚でとらえようとすると頭がクラクラしてめまいを感じるような、そういう部類の概念です。宇宙の広大さとか、素粒子のこととかを考えても似たようなグラグラ感を感じることがありますが、これは人間が進化の過程で「自分のサイズに見合った感覚」に慣れ親しんできたことと関係があります。我々は中くらいのサイズのものが、中くらいのスピードで動いているような世界を、波長域の真ん中くらいの視覚や聴覚を通じて把握するようにできています。赤外線の世界や、あるいは1000年に1メートル移動するようなもののスピードには人間は適応していませんが、これは進化する上で、そういうものに対応する必要がなかったからです。ところが人間の頭脳は、そういう身体的・進化的な限界を超えてものごとを想像する能力を獲得してしまいました。これは素晴らしいことです。我々は自分たちを取り巻く世界の成り立ちや仕組みについて、地球上のどの生物よりもよく理解しているし、また、実感として把握することが不可能なマクロやミクロの世界について考え、理解することができます。

しかしながら「永遠」というのは、そもそもパラドキシカルな性質を持つ概念なので、理解しようとしてもなかなか一筋縄ではいきません。これは有名な話ですが（誰が言ったのかは忘れました）、たとえば**「死んだあとの永遠（＝無限）」が怖い、という人でも、「自**

分が生まれてくる前の永遠（＝無限）」についてはあまり怖く感じていない、ということがあります。無限を直線で表すと、それを真ん中で切った線分は、「無限の半分」にもかかわらず、それぞれ逆方向に無限に伸びています。もちろん、これをそのまま宇宙に当てはめるわけにもいかないのですが（宇宙の始まりと終わりをどう考えるかによります）、永遠の感覚が恐怖をもたらすと仮定した場合、（可能性としての）生前の無限と死後の無限、どちらも同じように怖いはずなのに、なかなかそうは感じない。「それは〈自分〉というものが誕生する前の無限だから怖くないのだ」と言いたくなる気持ちもわからないではないですが、しかし死んだあとだって「自分」というものはなくなってしまうわけですから、「〈自分〉の不在」という意味ではどちらも同様に恐ろしいか、同様に恐ろしくなくてもいいはずです。「1回あったものがなくなるのが怖い」というのも、我々は毎日のように過去の自分と決別し続けているわけで（「自分」は心理的にも物理的にも常に更新されています）、そうなってくると、その「1回あったもの」としての「固定された自分」という考え、あるいは実感のうちに錯覚が潜んでいるのではないか？　という疑問が浮かび上がってきます。なぜなら「固定された自分」などというものは今までも、そしてこれからも、生きている限りどこにも存在しないことが明白だからです。この「自分」は、死ぬことで他者にとっては固定されることになります。更新が止まるからです。

わかりきったことをぐるぐると書いているようで恐縮ですが、ぼくは大筋において「死の恐怖」というものは、このようにいろんな錯覚が組み合わさったものではないかと考えています。同時に**「死の恐怖」がもたらす、ぞっとするような感覚は、実は「永遠」について考えたときのクラクラ感と通じるものだとも思います。**

クラクラする感じ、というのは、それ自体は別に怖いものではありません。人間は子供のときからクラクラ感が大好きで、だから子供も狂ったようにブランコをこいだり、パラドクスがぐるぐるするような物語を好んで何度も読み返したりします。死について考えたときのクラクラ感は、事が「死」なだけに、何やら不吉で恐ろしいもののように感じてしまいがちですが、それは（生物的な限界など）いろんな要因が組み合わさって生まれる誤った印象なのではないか、という気がします。**うわあ、クラクラして面白いなあ、と、そこから考えを広げて、「永遠」や「自分」について考えたり、そういうことについて研究した書物を読んだりすることで、「クラクラ感を楽しむコツ」をつかむことは不可能ではありません。**

考えてみれば、ほとんどの学者はみんな、それぞれの分野の「クラクラ感」に取り憑かれたからこそ、毎日のようにそのクラクラを楽しみつつ、クラクラの正体を探求しているのではないでしょうか？　その意味では哲学者も天文学者も物理学者も、また文学者や芸術家だって、クラクラのとりこです。映画や音楽や本だって、みな一様になんらかの形でクラクラ感をもたらしてくれるものだとすれば（実際にそうですが）、「死」についても、他のクラクラの素《もと》と同じように、楽しんでいじくり回して遊ぶことが可能になりそうです。「漠然とした不安」は、その不安を成り立たせている要素と、それがなぜ不安をもたらすかという構造について考えることで、外側から、少しずつでも「漠然さ」の皮を剥《は》いで、より具体的な問題点を明らかにすることができるのではないでしょうか？「それは本当は一体、何を言っているのだろうか、その言葉は何を指し示しているのだろうか？」という疑問をしつこく持つことで、「漠然さ」がもたらす恐怖を「クラクラ感を楽しみ、面白がる感覚」へと変えていければ、それが一番だと思います。

回答を終えて

指導者マーシャル・アップルホワイト以下、総勢39名の信者が「ヘール・ボップ彗星と共に到来するUFOによって自分たちは〈引き上げられ〉、別の次元に旅立つのだ！」と信じて自殺した「ヘヴンズ・ゲート事件」（1997年）は、1978年にガイアナで918人が集団自殺を遂げた「人民寺院事件」、また、FBIと銃撃戦を繰り広げた挙げ句、81人が自殺／死亡した「ブランチ・ダビディアン事件」（1993年）と並ぶ、新興宗教による集団自殺事件の一つです。ヘヴンズ・ゲート事件は、自殺した信者がみんなナイキのシューズを履いていたとか、男の信者が自ら去勢していたりなど、おかしなディティールが耳目《じもく》を惹《ひ》いたこともあり、当時かなり話題になりました。ただ、どうしたわけか教団のウェブサイトは今も残っていて（誰がプロバイダに料金を払っているのかはわかりません）、そこには「私たちは人間の進化レベルを超え、現世から旅立ったのです」と記されています。

SATANIC ADVICE
THE SATANIST IS IN

Q 絶対にいないと思っているのに、幽霊が怖いんです。

質問者●「ソウダ」さん

僕は幽霊の存在を信じていませんが（占いや輪廻《りんね》転生《てんしょう》や死後の世界も信じていません）、幽霊の出てくる映画や実話怪談本などは大好きです。しかし僕は怖がりなので、そういった映画や本で怖い思いをしたあと、1人で夜道を歩いたりしたときに「うわ、幽霊が出たら嫌だな」と考えてしまいます。夜の墓地やお寺や肝試しも苦手です。人が人を殺しまくる映画も大好きなのでよく観るのですが、鑑賞後に夜道を歩いたりしても「殺人鬼が出たら嫌だな」とは考えません。もちろん出たら嫌なのですが、出るはずがないと考えてしまいます。殺人鬼は現実に存在するし、幽霊は絶対にいないと思っているのに、なぜ幽霊の方を怖がるのか。考えが矛盾していると思います。ヨシキさんは、こういった考えの矛盾についてどうお考えですか？

A 人間の知覚システムが「いるかいないかわからないぐらいのもの」を怖がるようになっているのだと思います。

ぼくも肝試しなどは苦手です。というかビックリさせられるのは苦手なので、お化け屋敷も歩いて中を進まなくてはいけないタイプのものには滅多に入りません。「幽霊が出たら嫌だな」とは思ったことがないのですが、錯覚でどきっとするようなことはあります。特に視界の端っこは錯覚を引き起こしやすいので、わっ、あそこの物陰に誰かがいる！こわい！　と思ってよく見たら単なる古びた電柱だったとか、そういうことはよくあります。このことは、田河水泡《たがわすいほう》のマンガ『のらくろ上等兵』でとてもうまく表現されています。

マンガの中で、のらくろは樹の影を大入道と見間違え、また木の枝が足に絡んだのを、その大入道につかまれたと勘違いしているのですが、落ち着いてよく見たら、その正体がわかって「なぁんだ」と安心します。『のらくろ』は復刻版が近所の子供図書館にあったので小学生のときに愛読していたのですが、これはなかなか印象深いエピソードだったのでよく覚えています。

「錯視」や「錯覚」というのはなかなかあなどれないもので、状況や心理的な状態次第で、誰であろうと「はっきりとした人の形」が見えてしまったり、その存在を「感じて」しまったりすることがいくらでも起こり得ます。我々はどうしても「誰かがそこにいるかも」という感覚を持ってしまいやすいのですが、それには進化の過程も影響しているそうです。つまり、**実際には錯覚であっても「誰かがいる！」と反応できる方が、生き延びるのに役に立つことが多かった**のではないかというんですね。

そういったわけで「幽霊」的なものを感じ取って「何かいるんじゃないか……」あるいは「うわ、いた！」と思ってしまいがちなのは、人間である以上、仕方のないことです。また、そういうものがより「恐ろしく」感じるのも、「いるかいないかわからないぐらいのもの」の方が（潜在的な）危険度が高い、という風に考えれば納得がいきますよね（つまり、殺人鬼が「いる」とわかるのであれば、それは「いるかいないかわからないぐらいのもの」に比べて、対処のしようがあるという意味で、危険度が〈少なくとも無意識のレベルでは〉低く見積もられてしまうのではないか、という意味です）。ですから、**矛盾しているとい**

うよりは、我々の知覚システムがそういう風になっている、と考えた方が良いのではないかと思います。

そうそう、『のらくろ』は愛国マンガのふりして軍部や政府への批判が巧みに盛り込んであるという、なかなか一筋縄ではいかないマンガです。軍部の検閲など制限の大きかった時代に、きちんとそういう硬直した体制への風刺をまぎれ込ませた手腕には感心させられます。興味があれば読んでみてくださいね。

回答を終えて

10年以上前のことになりますが、当時行きつけだったバーに顔を出すと、そこに「私はオーラや霊を見ることができる」と言ってはばからない、いわゆる霊感おばさんが来ていたことがありました。彼女はお店にいた人の「オーラ」を次々と「見て」は、「あなたは何色だからいいことがこれから起きる」「あなたは何色だから、内臓に気をつけた方がいい」などと、身勝手なご託宣《たくせん》を下し始めました。ぼくはそれを苦笑いしながら見ていたのですが、すると彼女がこちらを指さして、「あなたのオーラは真っ黒で最悪だ！　気をつけなければすぐに死んでしまう！」と、どう考えても初対面の人間に言うのはどうかと思われることを叫ぶのです。そこでぼくは「いや、黒いのはオーラの色ではなくて、ぼくが着ている服の色ですよ」と言って（実際、黒Tシャツに黒いパンツだったので）、店をあとにしたのでした。また、彼女には申し訳ないことに、すぐに死んだりもしませんでした。

SATANIC
ADVICE
THE SATANIST
IS IN

Q 事故物件ってどう思いますか？

質問者●「便座冷たい」さん

この春に引っ越しを考えており、賃貸のワンルームマンションをネットで探し始めました。「駅近、風呂トイレ別」の条件で検索したところ、なんと家賃3万円（敷金・礼金なし）の物件を見つけました。部屋の写真も何枚か載っていたのですが、間取りも良く綺麗《きれい》な内装で、普通なら10万円くらいしそうです。友人に伝えると「それは事故物件だ」と言われました。僕は今まで事故物件に住んだことがないですし、現時点ではまったく気にしてないのでここまで格安の物件はありがたいです。ヨシキさんは事故物件を気にしますか？

また、面白い事故物件映画があれば教えてください。

A その土地では何千何万という生物が死に絶えてきたのですから、気にする必要はないと思います。

火事が起きたとか、床が抜けて人が落ちて死んだとか、そういう事故物件の場合は注意しないと再び火事が起きたり床が抜けたりするかもしれないので、気をつけた方がいいと思います。あと、近所に対立するヤクザの事務所があって、抗争を繰り返しているとしたら、それもちょっと避けたい物件ですよね。

そうでなくて、単に人が死んだとか、誰かが誰かを殺したというような事故物件だったら、何も気にすることはないと思います。いい部屋に安く住めるんだったら、ぼくも事故物件に住みたいと常々思っているほどです。歴史を考えてみればわかりますが、昔から人の住んでいる都会のような所では、これまで人が死んだことのない土地を探す方が難しいはずです。人だけでなく、恐竜やマンモスや三葉虫やアンモナイトだって、おそらくそのマンションの土地で何千何万と死に絶えてきたのですから、そしてどう考えても**人間の霊より恐竜の霊の方が怖いわけですから（だって、でかいし、凶暴ですからね）、やっぱり事故物件云々を気にする必要はないと思います**。

事故物件映画ですが、ちょうど昨日『ホーンテッド・サイト』（２０１６年）という、まさに「事故物件映画」としか呼べない作品を観たばかりでした！　これは『ソウ』シリーズの2、3、4や、『REPO！ レポ』（2008年）を撮ったダーレン・リン・バウズマンが監督したホラー映画で、なかなか面白かったのでおすすめです。血みどろの殺人が起きた部屋だけを集めて作った、究極の事故物件お化け屋敷が登場しますよ！

回答を終えて

事故物件もそうですが、呪いの噂や、幽霊が出る、怪奇現象が頻発する……といわれるような場所や建物には、何かしら、そういう噂が立つ原因があるように思います。年中日当たりが悪い、すきま風が通る、水道やガスの配管が古い、道路との位置関係が悪くて事故が起こりやすい、などなど、いろんな事情が考えられます。大通りに面しているのに、なぜかテナントが長続きしないビルなどもそうで、微妙に通行人の目に入りにくい角度にあるとか、建物の形が妙な圧迫感を与えているというようなケースもあるでしょう。霊とか呪いとかいう話とは別に、そういうおかしなところがないのか、入居する前によく見ておくことは大事だと思います。まあ、当たり前の話ですが。全然関係ないですが、大学生時代、下宿を探していて不動産屋のドアを開けたら、中で将棋を指していた店主がこちらを見もしないで「ないよ！」と怒鳴ったのには驚きました。あれはなんだったんだろう……。

SATANIC ADVICE
THE SATANIST IS IN

映画鑑賞編

Q 「映画を観る」というのはどういう行為ですか？

質問者●「ドゥーディー」さん

私は最近になって、ヨシキさんをはじめいろんな方の影響を受けて、映画の魅力を知り、時間を見つけてなるべく観るようにしています。好きな映画を観るのはとても楽しいですし、自分にとって何か大きな意味があると感じているのですが、その大きな意味というモノを具体的に言葉にすることができません。曖昧《あいまい》な質問で申し訳ないのですが、そもそもヨシキさんにとって、「映画を観る」というのはどういう行為ですか？

A わけのわからない世界にぶち込まれて引きずり回されることです。

映画を観るのは、ぼくにとっては「わけのわからない世界に放り込まれて引きずり回される」ということです。そういう風に感じさせてくれる映画が一番楽しい。でもこれは、読書でも音楽でも絵を観るのでもみんなそうです。とにかく「わけのわからない世界にぶち込まれて引きずり回され」たいんです。そういう意味ではアルコールやドラッグなどとも似ているかもしれません。

映画鑑賞に現実逃避的な側面があるのは確かですが、それより、**知らない所に強引に放り込まれる感覚、そこで次から次へと得体の知れないものがこちらに迫ってくるような感覚を映画には求めています。**もちろん他にも理由は沢山あるのですが、とっかかりの部分では常にそういう体験を求めているんだと思います。

回答を終えて

子供の頃、映画館に行くと、映画が始まる前に足が痙《ひきつ》ってしまうことがよくありました。「これから映画を観るぞ！」という興奮と期待で緊張が限界に達し、コチコチに身を固めていたので足の筋肉が突っ張ってしまったのです。いい大人になった今は、さすがに足が痙ってしまうようなことはなくなりましたが、それでも映画館が暗くなり、映画本編が始まるときは、やっぱり軽く体を強張らせてしまっています。「これから、何かわけのわからない世界に放り込まれるぞ！」という、ゾクゾクするような期待感がそうさせるのです。映画は映像と音響で一瞬のうちに「あっちの世界」に連れて行ってくれる稀有なメディアなので（今はVRというものがありますが）、余計に日常から「あっち側」へとジャンプする瞬間に興奮させられるのかもしれません。劇場内が消灯したり、映画会社のロゴが出たりと、どこか儀式的な手順もこの感覚を増幅させるのに一役買っていると思います。

SATANIC ADVICE
THE SATANIST IS IN

Q オススメの映画について聞かれたらどう答えますか？

質問者●「たくはち」さん

僕はこの春大学を卒業した者ですが、小～中学生の頃から映画が大好きで、人から「趣味は？」と聞かれると「映画鑑賞」と答えてきました。しかし、そのあとに決まったように言われる「オススメの映画を教えてください」の質問にいつも困ってしまいます（質問されたこと自体は嬉しいです）。僕は残酷描写を楽しみにしていたり、ショックが大きい作品が好きだったりするのですが、僕が面白いと思ったからといって相手が面白いと思うかどうかはわからないし、それならいろいろな人に広く受け入れられそうな作品は何かあるだろうか？　などと余計なことを考えてしまいます。というかそれが余計なことなのかもよくわかりません。結果的にうまく答えられず、答えられたとしてもあまり話がはずまず、すっきりしないことも多いです。ヨシキさんは、オススメの映画について聞かれたらどう答えますか？

Aそういう質問には一括して『食人族』と答えることにしています。

「オススメの映画はありますか？」という質問は非常にやっかいです。というか、こういうことを聞いてくる人は、一体何を本当は望んでいるんだろう……？　と思うことがあります。

たとえばこれが、「ぼくはゾンビ映画が大好きで、ロメロとフルチの作品はだいたい観たんですが、珍品でオススメは何かないですか？」というような具体的な質問であれば、「じゃあ『ナイトメア・シティ』（1980年）とか『人間解剖島／ドクター・ブッチャー』（1980年）とかはどうでしょう」などと答えることができるのですが（「それ両方観てます」と言われたら「そういうときは、ぼくなどに聞かずに伊東美和《いとうみわ》さんの著書『ゾンビ映画大事典』（洋泉社）を読むか、同じ伊東さんの〈ZOMBIE手帖ブログ〉を参考にしてください」と言います）、単に「オススメは？」と言われても困ってしまいますよね。

正味《しょうみ》な話、この問題に解決策はないと思います。「最近観た映画で何が面白かった？」

という質問であれば、自分の好みの問題ですから迷わず答えることができますが、どんな映画がどういう人に響くかは常に未知数なので、よく知らない人、あるいはよく知っている人であってすら、その人に「オススメ」できる映画がなんなのか、自信を持って判断することなどできそうにありません。

ですが、といって「そんなもん、ないよ。自分でなんとかしてください」と本当のことを言うと、おそらく相手が気分を害するので、ぼくの場合は「オススメ」に限らず、質問が「一番好きな映画はなんですか？」であろうが「一番感動した映画はなんですか？」であろうが、「泣ける映画を教えてください」であろうが、一括して全部『食人族』（1980年）と答えることにしています。このチョイスは我ながらなかなかいいと思っていて、だって**『食人族』は大好きだし感動するし泣けるし最高だから**なんですが、一方でそういう質問をしてくる人がそれ以上とやかく言ってこなくなるという利点もあります（『死霊の盆踊り』（1965年）や『悪魔のしたたり／ブラッドサッキング・フリークス』（1976年）でもいいかな、と思うときもありますが）。なので、この際、何か1本、質問してきた人がおそらく観てくれなさそうな、しかし自分は絶対に好きだ！と言い切れる作品を選んで、それをお守り代わりにするという手段をオススメします。あと『食人族』

と『悪魔のしたたり／ブラッドサッキング・フリークス』はいつ何時、誰に対してもオススメです！（『死霊の盆踊り』はそれに比べると多少観客を選ぶような気も……いや、しませんん！　そんなことはなかった！　今すぐ『死霊の盆踊り』に謝りたい！　特にネコ娘に謝りたい気持ちでいっぱいです！）

回答を終えて

チャーチ・オブ・サタンのウェブサイトには、教会オススメの映画リストも掲載されています。これは書籍『悪魔教』（ブランチ・バートン著。日本語版は青弓社。ただし題名を『悪魔教』としたことをはじめ、首をかしげざるを得ない箇所も散見されます。日本語で唯一読める「チャーチ・オブ・サタン」公式書籍ではあるものの、新訳が待たれるところです）のためにアントン・ラヴェイ師が選出したものでした（邦訳には未収録）。リストには、いかにもそれらしい映画（『ローズマリーの赤ちゃん』1968年、『ウィッカーマン』1973年など）にまじって、一見、意外に思われる映画、たとえば『夢のチョコレート工場』（1971年）や『ファンタジア』（1940年）などもありますが、どれもそれなりのサタニックな理由があって選ばれた作品です（『夢のチョコレート工場』は、ジーン・ワイルダー演じるウォンカ氏が「魅力溢れる悪魔的人物像」だからとのこと）。

SATANIC
ADVICE
THE SATANIST
IS IN

Q 映画の「日本語吹き替え版」があまり好きではありません。

質問者●「ボイス・グレイシー」さん

僕は実写映画の日本語吹き替えがあまり好きではありません。もちろん字幕だと文字数に制限があるので、吹き替えの方がよりオリジナルに近いニュアンスの翻訳になることは知っていますし、字幕を追っていると映像に集中できないデメリットもあるので、積極的に全部が全部を嫌っているというわけではないし、作品によっては吹き替えの方が楽しめることもあります。僕が苦手なのは、日本の声優独特の演技です。文章にするのは難しいのですが、声優の演技って独自の進化を遂げてないですか？　たとえば台詞前の「んんっ」とか「あー」とか吐息の演技とか、抑揚《よくよう》のつけ方とか、現実世界ではあり得ないしゃべり方をするじゃないですか？　アニメだとそれが気にならないのですが、実写だとどうもそれに違和感を感じてしまい、うまく馴染めないのです。おそらく日本語の持つ音の周波数の問題で、普通にしゃべると聴き取りづらいことから、このように進化したのではないかと想像するのですが、海外の吹き替え事情ってどうなのでしょうか？

A 吹き替えに感じる違和感は「現実との距離感」に原因がありそうです。

これはなかなか難しい問題です。ぼくは『スター・トレック』シリーズをはじめとするテレビ番組、分けても特にコメディ（『モンティ・パイソン』『宇宙船レッド・ドワーフ号』『俺がハマーだ！』など）は、わりと日本語吹き替えで観ることが多いです。というのも、一つにはご質問にもあったように情報量が多くて正確なことと、また、こういったテレビシリーズはごはんを食べながら観ることが多いので（行儀が悪くてすみません）、字幕を追わなくてよい吹き替えの方が「ながら観」に楽ちんという理由もあります。あまり褒められた理由ではありませんが。

声優の演技が、独自の進化を遂げている可能性は確かにあると思います。ただ、テレビ番組でも映画でもそうですが、そういう「独特さ」は、かつてテレビで吹き替え版がじゃんじゃん放送されていた当時（60年代から80年代くらいまででしょうか）、「日本とかけ離れた」海外ドラマの世界観を表現する方法だったのではないかとも思います。**台詞をどう**

日本語に置き換えて、外国人のキャラクターをどうやって吹き替えで表現するか……そういう試行錯誤が、「吹き替え独特のしゃべり方」の文化を作り上げてきたという側面は少なからずあるでしょう。ご質問にもあるように「聴き取りやすさ」の問題もあったかもしれません。

そういう時代に育ったからか、ぼくはわりと海外テレビ・映画の吹き替えは違和感なく観られる（というか、積極的に大好きなものも多くあります）のですが、一方で、アニメの声色《こわいろ》、特に女の人がしゃべっているのが明白な「男の子」の声だとか、あるいは鼻にかかったキンキン声の「女の子」ボイスはあまり好きではありません。

こういった問題を「好み」や「慣れ」と切り離して話すのはなかなか難しそうです。日常においても「好きな声」「苦手な声」というのは人それぞれあるわけで、時には声がいいという理由で人に惚れたり、またせっかく結婚したものの、どうしても声が我慢できずに離婚するという話もあると聞きますから、やっぱり「好み」は大きな要因なのでしょう。ただ、質問者の方が「アニメだとあまり気にならないのですが」と書いておられることは、「洋画だから気にならない」ということと、実は同質だと思います。そこにあるのは、現実との距離感の問題です。言い換えれば、画面で繰り広げられていることが「現実から遠い」と思っているとき、吹き替えの「独特さ」はそれほど気にならず、逆に「現実に近い」と感じていると奇妙に響いてしまう……そういう可能性があります。

海外の吹き替え事情はあまり詳しくありませんが、聞くところによればフランスやイタリアでも、「ハリソン・フォードはこの人」という風に、役者によって吹き替えの声優さんが決まっているということはあるようです。それと、フランス語圏やイタリア語圏では吹き替えが本当に多くて、ローマで『007』を観ようと思ったときは、どの劇場も全部イタリア語吹き替え版だったので、英語版で上映している劇場を見つけるのに苦労しました（結局、とても小さな劇場が1館だけ、字幕で上映しているのを見つけて、そこで観ることになりました。また、その劇場には「映画はやっぱり原語！」と信じていると思しき、高齢のお客さんが沢山いたのが印象深かったです。常連らしきおじいさんたちが、キャッキャと盛り上がっているのは微笑ましくもありました）。

回答を終えて

このように日本語で吹き替えられた映画に違和感を感じる人がいる一方で、字幕版には字幕版特有の問題もあります。一つはご指摘のとおり、文字数に制限があることで、映画内で使用されている言葉が聴き取れる人ほど「字幕で省略されてしまった箇所」が気になってしまうケースもあるでしょう。また字幕は画面の一部を覆ってしまうため、時として重要な部分が見えなくなってしまうこともあります（そこを考えて、特定の場面だけ字幕の位置をずらすような工夫を施している作品もあります。観客の立場に立った、こうした気遣いはありがたいです）。それと最近は、現在では差別的とみなされる言い回しが元の映画で使われている場合、翻訳の過程で穏当な言い回しに差し替えられてしまうことがあり、その結果、西部時代にもかかわらず、当時は「インディアン」と呼ばれていた人たちのことを「先住民」と呼んでしまう、というような本末転倒《ほんまつてんとう》が起きていることもあります。

SATANIC
ADVICE
THE SATANIST
IS IN

Q プロの映画ライターはどうやって作品の情報をまとめるのですか？

質問者●「真夜中の雨男」さん

常日頃気になっていたのですが、仕事として映画に接しているプロのライターの方々は一体どのように情報をまとめておられるのでしょう？　自分は観た映画などは短い感想をメモしておく程度なので、いまいち有機的にまとめられている感じがしません。あとで読み返すぶんには楽しいのですけど。人に見せないまでも、文章としてまとめてみたりするのも手なんでしょうか？

A ぼくの場合、鑑賞中のメモはほとんど取らず原稿を書きながら調べ物をすることが多いです。

映画評論家の人の中には、観た映画すべてについて詳細なメモをとっている方も沢山います。また、試写室などでも実際に、映画を観ている最中ずっと手を動かしてメモをとっている人に出くわすこともあります。が、鉛筆の音がシャカシャカ気になるので、できればやめてほしいなとぼくは思っています。

ぼくは日記も一切つけていないし、手帳もほとんど使ったことがない（今はグーグルのカレンダーに予定だけ入れるようにしていますが）ということからもおわかりのとおり、基本的に「記録」することが苦手なので、参考にするためメモをとっておくようなことは、ほぼないです。

というか、自分の場合は、何を書くときでもそうなんですが、だいたいボンヤリとそのテーマについて考える期間があって、まあその最中は傍目《はため》にはサボっているようにしか見えないので困ったものなんですが、ボンヤリ考えているうちにいろいろなことが繋がったり、関係する事柄について調べようという気になったりします。

それから書き始めるわけですが、多くの場合、書きながら同時に調べ物をしています。ご質問の「情報」というのがどこまでを指すのかわかりませんが、データ的な情報に関しては、それこそＩＭＤｂ（インターネット・ムービー・データベース）などがあるので今は大変便利です（昔のように、プレスやパンフを全部とっておかなくても大丈夫だからです）。あと、書いてる途中で別のことを思いついたときは、それをテキストファイルの下の方にちょろっと書いておいたりすることもありますが（テキストファイルぐらい分けろ、と自分でも思います）、基本的には書きながら考えて、書きながら調べてという感じです。だから書き始めると、わりと直線的に最初から最後まで順番に書いていくことになるんですが、その前提としての**「傍目からはサボっているように見える、ボンヤリ考えている期間」が、自分にとっては重要なのだろうと思います。**

回答を終えて

映画についてものを書く人は、例外なしに全員、本文でも触れたＩＭＤｂ（インターネット・ムービー・データベース）から多大な恩恵を受けていると思います。ＩＭＤｂの素晴らしいところは、作品や俳優についての詳細な情報がすぐに手に入る、というのはもちろん、「とある映画に出ていた俳優が、別の映画ではなんの役を演じていたか」というように、映画同士、スタッフ同士、あるいはキャスト同士の関連がリンクによって瞬時にわかるところです。インターネット以前、こうした「リンク」は、書き手本人が蓄えた知識と、関連する書籍などの資料に頼るほかなかったのですが、ＩＭＤｂのおかげでありとあらゆる細かい繋がりが可視化されました。その意義は計り知れないものがあります。また、本家とは別にＩＭＤｂを模したＩＭＣＤｂ（映画に登場した車両を検索できます）やｉｍｆｄｂ（映画の銃火器が検索できます）というサイトもあって、これまた面白いです。

SATANIC ADVICE
THE SATANIST IS IN

Q インターネットがない時代はどうやって映画の情報を収集していたのでしょうか？

質問者●「アキラ」さん

私は1990年生まれです。子供の頃からパソコンとインターネットがそばにあり、知りたい情報はグーグル先生に聞けば一発で出てくる中で育ってきました。そんな情報社会の中でオタクになるのはさほど難しくなく、最近は情報以外にも同類のオタクを探すのも楽になっています。そこで映画オタクであるヨシキさんの昔の話が知りたいです。インターネットがない時代は、どうやって映画の情報を収集していたのでしょうか。

A 雑誌、書籍、お店、というのが3大情報源でした。インターネットに載っていない情報は今もまだまだ沢山ありますよ。

質問者さんはまさに「デジタル・ネイティブ」というわけですね。うらやましい限りです。さて、インターネットがなかった時代、人々はアヤワスカというドラッグを摂取することで宇宙意識と繋がり、アカシック・レコードと呼ばれる世界記憶から知識を得ていました。嘘です。

インターネット以前は、雑誌や書籍から知識を得るのが一般的でした。で、そこから断片的な情報を拾い集めて、それに関係した別の本や雑誌、あるいはお店、あるいは映画館やクラブといったスポットなどを知り……と、そういうことを繰り返して興味の対象へと近づいていっていたのです。この方法は検索結果に一発で辿りつけないかわりに、いろんな寄り道ができるのがいいところで、最初は別のことを調べていたつもりが、途中で知った他の情報に夢中になって、最終的に気づいたら全然当初の目的と関係ない知識が身についていた、というようなことがよくありました。これはこれで、とても楽しい経験です。また、雑誌などに載っている情報も正しいものとは限らないので（これはインターネットも同じですね）、いろいろと調べていく間に「あれっ、あのとき雑誌に書いてあったことは全然インチキじゃないか！」と気づくこともありましたが、それもまあよくあることなので、それほどカッカすることはありませんでした。

いずれにせよ、雑誌、書籍、そしてお店、というのが3大情報源で、また、そういうことを繰り返しているうちにいろんな人と知り合って、その人たちから別の情報や人を紹介してもらったりということもありました。ピンポイントで情報に辿りつけないのは、今の若い人から見ると面倒くさそうに思えるかもしれませんが、さっきも言ったように寄り道ができるし、調べていくうちに思わぬことが別の何かと繋がっていることに気づいて感激することもよくありました。同好の士は、ぼくはあまりやっていませんでしたが、文通やサークルなどで見つける人が多かったように思います。昔の雑誌にはたいてい文通コーナーがあって、そこに個人情報（名前・住所・下手をすると電話番号まで）が普通に載っていたので、直接相手にハガキを送ることが可能だったのです。

それと、これは言っておきたいのですが、インターネットに載っていない情報はまだまだ沢山あります。**英語で書かれたものも含めると結構な量をカバーできるとは思いますが、日本語のインターネットだけではまったく足りないです。**ぼくも原稿を書くときなどに、インターネットで日々情報を参照していますが、結局、最終的には関係書籍をひもといて調べる時間の方が多いです。また、インターネットだと、特に個人サイトなどの場合、書き手の素性もわからないし、そこに掲載されている情報の信憑性が確かめにくいということがありますが、本だと著者の略歴もわかるし、研究書などの場合は参考文献がきちんと載っているので、気になったことがあったときにソース元をすぐ辿れるのも良いところだと思います。

もちろん、インターネットはインターネットで恐ろしく便利なものですから、どちらが良い悪いと言っているわけではありませんが、ものによってはまだまだ書籍の方が早く、確実で、しかもインターネットに載っていない情報にアクセスできることもあるということです。

回答を終えて

インターネットがなかった時代が想像しにくくなったということは、コンピュータが身近になかった時代が遠くなったということでもあります。とはいえ、日本でパソコンが一気に普及したのは1999年から2003年くらいにかけてのことなので（2000年くらいに世帯普及率が50％を超えました）、そんなに昔のことでもありません。それ以前、日本ではワープロ（ワードプロセッサー）と呼ばれる文書作成マシンが大手を振るっていたのですが（これは、テキストエディタとプリンタが一体化したようなもの……と言えばいいのかな？）、そういうマシンを目にすることもなくなり、「ワープロ」という言葉自体、死語になってしまっているそうです。きっと近い将来「パソコンってなんのこと？」と言われる時代もやってくることでしょう。テクノロジーの進歩は楽しいので、老人になっても取り残されないよう、がんばってついていきたいと思っています。

SATANIC
ADVICE
THE SATANIST
IS IN

Q

「なぜスプラッタ映画が好きなのか」を人に説明できません。

質問者●「モガモガ」さん

私はホラーを含めさまざまなジャンルの映画を好んで観ますが、特に人体破壊描写のある映画や、殺人鬼が暴れ回る映画などが大好きです。こういった映画を好んで観ていると言うと、周囲から「理解できない」と返されることが多いです。自分でもなぜ好きなのかうまく説明できず悩んでいます。ヨシキさんも同じような経験はありますでしょうか？

また、そういった場合どのように説明するのでしょうか？

A

「映画の見世物としての側面には、残酷な場面や人体破壊描写も含まれる」と説明すれば良いのではないでしょうか。

ぼくも人体破壊描写のある映画や、殺人鬼が暴れ回る映画は大好きです。なので、そういう映画や描写についての原稿を書くこともよくありますが、「人体破壊描写のここが面白い」とか「とんでもない殺人鬼が出てきて最高だ」と書くことはあっても、「どうしてそういう映画が好きなのか」について、きちんと書いたことはあまりないように思います（人体破壊描写が映画の歴史と切り離せないものである、というようなことを論証する原稿は書いていますが、それも「なぜそういう映画が好きなのか」という説明にはなっていません）。

というか、**「何々が好きな理由」というものを、他人にうまく伝えることは、映画に限らず、非常に難しいのではないかと思います。**「好き」の内容を細かく分割することで、ある程度の説明はできるでしょう。たとえば「作り物の人体破壊がもたらすイリュージョンにビックリしたり、そういうイリュージョンを生み出すために注ぎ込まれた創意工夫や職人技が面白いから」だとか、「ドカンと一発で人間が肉塊になるような場面は、ある種花火を思わせる爽快感があって好き」だとか。「怪物的な殺人鬼が大暴れするのは、カークラッシュのようなケレン味があって楽しい」というのもありでしょう……と書いていて気づきましたが、もし、どうしても説明する必要が生じた場合、今書いたように「花火みたいで面白い」とか「アクション映画のカークラッシュや大爆発のようでワクワクする」といった風に、別のものにたとえて言うと、完全には伝わらないまでも「どうしてそこに魅力を見出しているのか」を相手にわかってもらうことができるのではないかと思います。

ミステリーにたとえるのもいいでしょう。ミステリーには殺人がつきものですが、殺人の謎解きに面白さを見出す人もいれば、（フィクションの中で）殺人がどのように行われたかに興味を抱く人もいる、という風に説明してみてはどうでしょうか。そこまで説明しても「やっぱりおかしい、殺人や人体破壊を喜んで観るなんて神経を疑う」と言われたら、『タイタニック』（1997年）や『ジョーズ』（1975年）や『ゴッドファーザー』（1972年）や『プライベート・ライアン』（1998年）などを例示して（どれも超ヒットしているので、人体破壊描写に文句を言う人も観ている可能性が高い作品です）、**事故による無惨な大量死**（『タイタニック』）**や、鮫に人間が喰われるさま**（『ジョーズ』）**、マフィア同士の酸鼻《さんび》を極めた殺し合い**（『ゴッドファーザー』）**、文字通り人間がバラバラに吹き飛ぶ大戦争**（『プライベート・ライアン』）**などを、世界中の人たちがどれだけ楽しんだか、またそういうものを観るためにどれほど多くの人が劇場に詰めかけたか**を話して、「映画の見世物としての側面には、当然、残酷な場面や人体破壊描写も含まれる」と指摘すれば良いのではないかと思います。それでも納得しないようだったら「だって好きなものは好きなんだから、しょうがないだろ！」と逆ギレするしかないかもしれませんが……。

回答を終えて

こういう話題が出たときにいつも思うのは、スポーツ好きの人たちは恵まれているなあ、ということです。当然のことながらスポーツにもメジャーなものとマイナーなものがあって、マイナーなスポーツが好きな人はやっぱり「なぜそんなスポーツが好きなの？」という質問に悩まされているのではないかと想像するんですが、メジャーなスポーツが好きな人、あるいは「スポーツ全般が好き」という人たちは「スポーツに一切興味がなく、テレビなどで観ることもなければ、どこの国の誰であろうがスポーツ選手を応援することなど絶対にない」という人間が存在する、ということをなかなか認めてくれないように感じます。しかし、活字の本を一切読まない人や、映画をまるで観ない人がいるように、どんなスポーツにもまったく興味を抱けないタイプの人だっているわけです。それなのに『ロッキー』シリーズなど、スポーツを描いた映画は楽しめるのは我ながら不思議です。

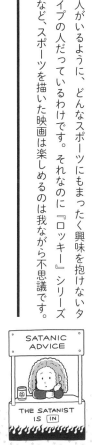

Q 映画館で周囲の観客が気になってしまいます。

質問者●「お名前不詳」さん

先日、『デッドプール』（2016年）を観に行きました。作品自体は大変楽しかったのですが、周囲の観客の反応があまりに素っ気なくてビックリしました。これは『デッドプール』に限ったことではなく、日本の観客は映画でよく泣きはするくせに、あまり笑ったりはしないなと常々感じていました。Twitterでは、「笑ったら他の観客に怒られた」などの呟きもチラホラ見かけました。少しの物音で反応したり、飲食すると白い目で見られたり、映画館で映画を観ることに何か息苦しさと敷居の高さを感じます。海外の観客の印象と日本との違いなど教えていただけるとありがたいです。

A 映画に反応する人も、誰かの反応にいちいち反応する人も、どっちも自意識過剰なのではないでしょうか？

日本でも昔の映画館はかなりやかましかった、という話はよく耳にします。マナーについては、ぼくが覚えている限りでも、劇場によってはかなり悪く、前の席に人が座っていても靴を脱いだ足を背もたれに乗せてくるとか（両耳の横に、誰かの悪臭プンプンの足が来るんですよ。信じられますか?:）、座席で喫煙しているとか、セックスしている人……がいる映画館は限られるか、あとシネコン以前の時代、映画の途中で入場して途中で退出する、ということはごく普通の光景でした。それを考えると今は恐ろしくみんな行儀がいいと思いますが、映画館でのあれこれはそのとき観ている映画にもよりますよね。

一番極端な例でいえば、『ロッキー・ホラー・ショー』（1975年）などは、そもそも大騒ぎをしながら楽しむ映画なので「うるさい！」などと言われることもないのですが（昔はありました、だんだん認知されるようになって、やっとそういうことがなくなってきたのです）、真面目な文芸映画の上映中に大声を出したりしたら、叱られるに決まっています。逆に、コメディ映画を観て笑っているときに白い目で見られるとしたら、それは異常なことだと思います。

ぼくが思うに、映画館で映画に反応する人も、映画館で誰かの反応にいちいち反応する人も、どっちも自意識過剰なのではないかということです。例えば、単に面白いからアハハハとかいう素直な反応ができない、また人がアハハハと笑っていると「きっとあれは自分たちに当てつけて、〈自分はより楽しんでいるのだ〉とアピールしているに違いない」と勘ぐるような、そういう考え方があるようなんですが、これってかなり不健康なのではないでしょうか。**他人の行動すべてが「外に向けたなんらかのアピールであるに違いない」という妄想は害悪そのものだと思っています**。誰かが映画館で笑っていたら、それは単に映画がおかしいから笑ってるんだろう、と思えれば良いのですが、一方で「これみよがしにわざと笑ってみせる人」がいることも確かで、これも結局「人の行動すべてが他人に向けたアピールだと思っている」という意味では文句を言っている人たちと同じメンタリティですよね。ほんと、どうでもいい。

ちなみに海外でも普通の映画の最中、単にうるさい人は嫌がられますが、特にアメリカなどでは、客席から気の利いたツッコミが飛び出すと劇場が笑いに包まれるようなこともあります。といっても、それも映画によりけりなんですけどね。

回答を終えて

まるで自宅ででもあるかのように、映画館でやりたい放題やっているお客さんに出くわすことはたまにあります。あまりに鑑賞の妨げになるようであれば「一言言った方がいいかな……」と思うんですが、たいていの場合、一声かける前に映画が終わってしまいます。また、映画の最中ずっと雑談しているような人を見ると、最近は「どんな話をしてるのかな」と、思わず聞き耳を立ててしまうことの方が多くなりました。映画が終わってから友人などに「今日、映画館にこんな人がいたよ！」と、面白おかしく話したい欲望が芽生えてしまったからかもしれません。大昔には、映画館（といっても二番館でしたが）でケンカが始まったのを目撃したこともあります。突然、「なんだと、オモテに出ろ！」という大声が響いてきたので、内心「映画を観てるのに『オモテに出ろ』はないだろ……」と思っていたら、ケンカの当事者が2人してオモテに出ていってしまったのでビックリしたものです。

SATANIC ADVICE
THE SATANIST IS IN

Q 「メタ」的という言葉の意味がよくわかりません。

質問者●「ガム先輩」さん

映画に対しては基本的に『ムービーウォッチメン』(ライムスター宇多丸の映画時評／TBSラジオ)で扱われた映画を観るくらいで、知識も何も持っていない一介の女子大生です。ヨシキさんにぜひお伺いしたいのは、「メタ」的という言葉の意味です。初歩的なことですが、よくわかりません！　たとえば、大ヒットした『デッドプール』。「キャップ(キャプテン・アメリカ)はMCU(マーベル・シネマティック・ユニバース)フランチャイズの奴隷だけど、デッドプールはメタゆえの風通しがあるよね」という言葉でなんとなくわかってるつもりになりますが、「メタとは何か」という問題について、改めて、ヨシキ先生のお話を伺えないでしょうか？

A だいたい「ナントカを〈上から〉見渡して」という意味だと思っておけば間違いありません。

あのー、「先生」はやめてください。ほんとにお願いします。「先生」と呼ばれていいのはカンフーの達人と学校の先生だけです。

ご質問の答えなんですが、「メタ」というのはだいたい「ナントカを〈上から〉見渡して」という意味だと思っておけば間違いありません。どういうことか、映画『マトリックス』（1999年）を例にとるとわかりやすいと思うんですが、主人公のネオ（キアヌ・リーブス）はいったん「覚醒」したことで、自分が今まで現実だと思っていた世界がコンピュータの作ったインチキ世界だったことを知るわけです。

このとき、ネオは「メタ的な視点を手に入れた」と言うことができます。それまではコンピュータのシミュレーションの中にいて、そこが「シミュレーションだとは知らなかった」わけですから、そっちが「普通」だとすると「メタ的」というのは、そのシミュレーションを「外から（上から）」見ることで、「ああ、そういう仕掛けなのか」とわかる視点だということができます。

デッドプールは自分がフィクションの中の登場人物だということを知っているので「メ

タ的な」キャラクターです。そのためデッドプールは、マンガ内からコマの枠線を自分で勝手に変えてしまったり、映画版だとカメラを自分で動したりできるわけですが、自分が「描かれた絵」や「撮られている登場人物」だと知らない普通のマンガのキャラクターや映画の登場人物は、そんなことはできません。

こういう「メタ的な」要素を取り入れた映画や小説やマンガというものは確かに面白いし、「うわっ、そんなことをやっていいのか！」という喜びがあることも間違いありません。しかし、それをやりすぎると、今度は物語そのものが持つ力が薄れてしまうので（しょせん絵空事なんだ、と常に強調されてしまうからです）、そこのところでバランスをとるのはなかなかに難しそうです。そんな中、『ファイト・クラブ』（１９９９年）や『デッドプール』はうまくいっている例だと思います。だから**「メタフィクション」というのは「自己言及的な」または「作品そのものがフィクションであることに自覚的な」フィクションだと言うことができます**。

それと、「メタ的な視点」でいうと、ぼくやあなたも常日頃、意識しないままに「メタ的な視点」から話をしているのではないか？　という問題もあります。人間には想像力があるので、自分を「外から」観察できているような錯覚を持ってしまうのですが、これはよく考えるとおかしな話です。だって誰も自分の「外」に出たことなんてないんですから（ドラッグ体験など特殊な例を除く）、それにもかかわらず「〈自分〉を見ている〈自分〉を見ている〈自分〉を見ている〈自分〉がいて……」と考えてしまうことを「無限後退」といって、やりすぎるとにっちもさっちも行かなくなるのでそういうことはやめた方がいいよ、とフランスの哲学者のフッサールという人が言っていました（フッサールの本は超難しくて読んでもさっぱりわからないのですが、そう言っているんだそうです）。

一方で、「メタ的な視点」を持てることの利点はもちろんあります。近視眼的に「うわー」となっているとき、たとえば家賃が払えなさそうだとかカードの引き落としが間近だとか、借金取りがやってきたとか、全部お金がないときのたとえで恐縮ですが、そういうときにメタ的な視点で「**あっ、今の自分は超困ってるけど、10年後、いや1年後でもいいや、そのぐらいになったら笑い話かもしれない**」と思うことができれば少しは気が楽になります。気が楽になっても現実に困ってるだろうが、と言う人もいるかもしれませんが、気が楽になっていれば状況を冷静に判断して「そうだ、誰々に借金を頼んでみよう」とか、なんらかの解決策を見つけやすくなることも多いのです。

反対に、**メタ的な視点がないと「うわー、もう身の破滅だ！　世界の終わりだ！」と行き詰まってしまうことが多く、それはまったくおすすめできません。**あっ、これは借金の例で言わずに、失恋とかの例で言えば良かった。つまり、そのとき、その場所の自分を超えた視点があれば、仮にその「視点」が想像上のものだとしても、「今と異なる自分の可能性」を考えることができるので、それによって行動しやすくなることはあるのではないでしょうか。「メタ的」というのはだいたいこんな感じのことだと思っていただければ大丈夫だと思います。

回答を終えて

自分の中に、自分を操縦し、自分の行動を観察している「別の自分」がいるような感覚を映像化したものとしては、古くは『ウディ・アレンの誰でも知りたがっているくせにちょっと聞きにくいSEXのすべてについて教えましょう』（1972年）の中の1話「ミクロの精子圏」が、最近ではピクサーの『インサイド・ヘッド』（2015年）などが代表的なものですが、エディ・マーフィ主演の『デイブは宇宙船』（2008年）という作品も忘れられません。これはちょっと変わり種で、邦題が示すとおり、この映画に出てくるエディ・マーフィはその実、小さな宇宙人たち（船長役もやはりエディ・マーフィ）が操縦する、人型のロボット兼宇宙船という設定です。去年（2017年）世界的に話題を呼んだ『ゲット・アウト』は、自分の「操縦権」を他人に奪われてしまう恐怖を描いた作品で、外界に手が届かなくなってしまう「恐怖」はまさにメタ的なものだったと思います。

SATANIC
ADVICE
THE SATANIST
IS IN

あとがき

まずは、まえがきに書ききれなかったことを補足します。アントン・サンダー・ラヴェイ師が1966年、ワルプルギスの夜に「チャーチ・オブ・サタン」を創立してその礎を築いたサタニズムは、「モダン・サタニズム」あるいは「ラヴェイアン・サタニズム（ラヴェイ派サタニズム、の意）」と呼ばれることもあります。超自然的な存在としてのサタンあるいは悪魔を崇《あが》める「悪魔崇拝」と区別するためですが、「チャーチ」の長年に渡る活動の成果もあって、最近ではわざわざ「『モダン』・サタニズム」と言わなくても、それが「チャーチ・オブ・サタン」に由来するものだという理解が、それなりに広まってきました（特に北米やヨーロッパにおいて、サタニズムへの理解は以前に比べるとだいぶマシになりました。というのも、1980年代から90年代にかけて、アメリカでは「退行睡眠」により偽の記憶を「取り戻した」と称する子どもたちが「サタニストの親が血まみれの儀式を行うのを見た」などと次々に告発したせいで、サタニズムへの大掛かりなバッシング、いわゆる「サタニック・パニック」が発生、「チャーチ・オブ・サタン」がいわれなき誹謗中傷《ひぼうちゅうしょう》の嵐にさらされたという歴史があるからです。なお「チャーチ・オブ・サタン」の高僧たちは、そんな時代にあってもテレビの討論番組などに積極的に出演し、先入観でゴリゴリに凝り固まったクリスチャン相手に根気よくサタニズムについて説明を続けてきました。その甲斐あって、今では世間の認識が――ある程度は――変わってきているのです)。

サタニズムについてもっと知りたい、あるいはサタニストになりたい、という人は、何はともあれラヴェイ師の著書『サタニック・バイブル』を読むことをおすすめ……したいんですが、残念なことに邦訳が出ていないので、これを翻訳することが、日本に住むサタニストとして、ぼくが次にやらなければいけないことかもしれません。

まえがきでも書いたとおり、本書の内容はもともと、寄せられた質問に対して「努めてサタニックな回答をしよう」と思って書いたものではありません。だから、とてもサタニックな部分もあれば、あまりそうでない部分もあるかもしれません。しかし、1人のサタニストとして、できるだけ真剣に回答しようと努めたことは事実です。そして、極めて難しい質問に立ち向かう力を与えてくれたのは、疑いようもなく、自分の内なるサタンその人なのでした。ヘイル・サタン。

2018年6月

地獄の底にて
高橋ヨシキ

本書は、毎週金曜日に発行されるメールマガジン「高橋ヨシキのクレイジー・カルチャー・ガイド！」に掲載された記事を再構成し、加筆・訂正したものです。

「高橋ヨシキのクレイジー・カルチャー・ガイド！」とは？

「人生を無駄にしないためにも、もっとくだらない映画を観なさい！」というのはジョン・ウォーターズ監督の名言ですが、このメルマガでは映画をはじめ、音楽や書籍、時事ネタから貧乏白人のあきれた生態まで、ジャンルにこだわることなく硬軟とりまぜてお届けします。また、毎号、旧作新作問わず、ヘンテコリンな映画のレビューも掲載いたします。会員の皆さんからのご質問にもできる限りお答えするつもりですので、よろしくお願いします。ヘイル・サタン。

●メルマガの購読を希望される方は、
メールマガジンのポータルサイト「まぐまぐ！」（http://www.mag2.com/m/0001673228.html）にアクセスして、登録をお願いします。

SATANIC
ADVICE
THE SATANIST
IS IN

高橋ヨシキ

1969年生まれ。映画ライター、アートディレクター、デザイナー、チャーチ・オブ・サタン公認サタニスト。雑誌『映画秘宝』でアートディレクター、ライターを務める他、映画ポスター及びDVDのジャケットデザイン、翻訳、脚本など多彩なフィールドで活躍している。近著に『高橋ヨシキのシネマストリップ』(スモール出版)、『新・悪魔が憐れむ歌　美人薄命』(洋泉社)、『暗黒ディズニー入門』(コアマガジン)などがある。

高橋ヨシキのサタニック人生相談

2018年6月 6日　初版第1刷発行
2018年6月30日　初版第2刷発行

著者　高橋ヨシキ

編集・構成　三浦修一（スモールライト）

装丁　松田 剛＋大朏菜穂（東京100ミリバールスタジオ）

イラスト　うとまる

校正　芳賀惠子

営業　藤井敏之（スモールライト）

制作協力　稗田進志（株式会社まぐまぐ）

発行者　中村孝司

発行所　スモール出版
〒164-0003 東京都中野区東中野1-57-8　辻沢ビル地下1階
株式会社スモールライト
電話　03-5338-2360
FAX　03-5338-2361
e-mail　books@small-light.com
URL　http://www.small-light.com/books/
振替　00120-3-392156

印刷・製本　中央精版印刷株式会社

定価はカバーに表示してあります。
乱丁・落丁（本の頁の抜け落ちや順序の間違い）の場合は、小社販売宛にお送りください。送料は小社負担でお取り替えいたします。

Printed in Japan
ISBN978-4-905158-56-1